Kinder Brauchen Rituale

孩子需要
家庭
仪式感

用“仪式教养法”教出独立自律，
与家人感情亲密的孩子

〔德〕梅兰妮·葛列瑟 Melanie Grässer
〔德〕艾克·霍佛曼 Eike Hovermann ◎著
林砚芬 ◎译

中国妇女出版社

图书在版编目（CIP）数据

孩子需要家庭仪式感：用“仪式教养法”教出独立自律，与家人感情亲密的孩子 /（德）梅兰妮·葛列瑟，(德) 艾克·霍佛曼著；林砚芬译. -- 北京:中国妇女出版社，2020.1

ISBN 978-7-5127-1787-9

Ⅰ. ①孩… Ⅱ. ①梅… ②艾… ③林… Ⅲ. ①儿童教育-家庭教育 Ⅳ. ①G78

中国版本图书馆CIP数据核字(2019)第250657号

著作权合同登记号 图字: 01-2019-6393

孩子需要家庭仪式感——用“仪式教养法”教出独立自律，与家人感情亲密的孩子

作　　者：〔德〕梅兰妮·葛列瑟 〔德〕艾克·霍佛曼 著 林砚芬 译
责任编辑：王　琳
封面设计：李彦生
责任印制：王卫东
出版发行：中国妇女出版社
地　　址：北京市东城区史家胡同甲24号　　邮政编码：100010
电　　话：（010）65133160（发行部）　　65133161（邮购）
网　　址：www.womenbooks.cn
法律顾问：北京市道可特律师事务所
经　　销：各地新华书店
印　　刷：北京时捷印刷有限公司
开　　本：165×240　1/16
印　　张：15
字　　数：207千字
版　　次：2020年1月第1版
印　　次：2020年1月第1次
书　　号：ISBN 978-7-5127-1787-9
定　　价：49.80元

前　言

PREFACE

※　※　※

亲爱的家长与未来的家长们：

“仪式”这个词语会让你联想到遥远南方小岛上的土著、印第安人或巫师吗？

其实，“仪式”并非只是某种典礼的形式，你自己非常有可能在孩提时代就有过与仪式相关的美好经验，甚至直到今日你还想将它继续传递下去。

你一定也有属于自己的仪式吧！在淋浴前喝杯咖啡，穿袜子先穿左脚，早晨祷告，看报纸从后面开始看起，甚至是在裤子口袋里塞入护身符，等等，这些都是仪式。

仪式基本上“只是”有意识的行为重复，但正是这种不断重复的行为，能让我们帮助孩子更有意识地去规划、体验日常生活。经由这种有意识的重复，日常生活能够建立起秩序，在绝大多数的情况下，我们也会有意识并且主动去接受这些秩序。

你是否也曾经遇到过，孩子们希望某事能一再发生，而这些事情常常有着特殊的前提条件。举例来说：“妈妈，我们必须把袜子挂起来才行啊！圣诞老公公明天会来！”

仪式是不断重复的行为，对我们的生活来说，仪式能够带给我们正面的效果。这种效果起于对微小事件的重视，接着会扩及大的、美好的经验，如圣诞节或生日等。即便面对困境，正确的仪式也能带来帮助，让人们能更容易克服困难。

不过，你并非一定要在生活中施行书中所提到的所有仪式，这些仪式只是例子。我们希望的是，你能（在书中）找到某些适用于自己家庭的仪式，或是进一步发展出属于自己家庭的美好仪式。

或许在阅读本书的过程中，你会想起自己小时候曾经使用过的仪式。如果你对这些仪式记得不那么清楚的话，别忘了去问问你的父母或祖父母，丢失了这些仪式传统，是非常可惜的事。

我们知道本书中的一些章节对某些人来说不见得那么适用，或者觉得太老套，甚至心里可能会想："这怎么可能办得到？只是理想而已……"对很多人来说，家庭中的日常生活让他们承受着很大的时间压力和限制，因此有一点很重要，我们希望读者不要将这本书当成一本统计出来的手册或指南，而是一种启发。所以，请带着批判的眼光来看本书，挑选适合自己和家人的内容，再从中修改成适合自己孩子的仪式。

预祝你阅读本书愉快，希望在未来的日子里，你能快乐地进行与维护那些家庭中的美好仪式。

梅兰妮·葛列瑟、艾克·霍佛曼以及全体专家

目　录

CONTENTS

※　※　※

1 Chapter …………仪式是什么？有何作用

2 Chapter …………妈妈的一天是这样过的

3 Chapter 祝你用餐愉快

4 Chapter 玩水时间到了

5 Chapter 儿童房的秩序

6 Chapter 一步步探索世界

7 Chapter 教育，就是这么简单

8 Chapter 来，抱抱

9 Chapter 什么都不怕

10 Chapter 争吵与和解

11 Chapter 上幼儿园喽

12 Chapter 终于上小学了

13 Chapter 放长假喽

14 Chapter 和家人共度四季

15 Chapter 特殊的庆祝活动和节日

16 Chapter 未曾出现过或特殊的情况

17 Chapter 保持运动的习惯

18 Chapter 音乐让一切变得更简单

19 Chapter 全家一起玩的小游戏

Chapter

1

仪式是什么？有何作用

仪式由来已久，不过却会随着时间改变，被遗忘或新创出来。但有一件事始终没变，那就是仪式为我们的生活带入了一种架构，协助我们与家庭建立和谐的生活。

在过去，如果有人每天按照固定的时间表生活，会被认为不够酷、不知变通且太过严谨了。不过，时间的推移改变了这种观念，不论是专家学者或是个人经验，都肯定了生活中固定、规律而重复的流程，即日常生活中的仪式。

你可能会发现，大部分的父母都认同固定仪式的重要，但即便如此，关于仪式的建议却经常被忽略。孩子需要设定好的日常时间表和仪式，这些仪式能塑造出一个令人满意的生活架构。

仪式究竟是什么？

仪式指的是在特定情境或特定时间点所做的特定行为。仪式有着特定的规则，且遵守着固定的流程。仪式多半需要练习，如此一来，在过了一段时间之后，便能熟悉该仪式的流程。

有些父母认为，固定的仪式和时间在今日的角度来看是种“权威式教养”，但完全不是这么一回事，此两者并无相关。

研究指出，对孩子的生理与心理健康而言，日常生活中固定不变的秩序，扮演着重要的角色，如以下两件事：

第一，最重要的仪式是，永远固定的就寝时间以及就寝仪式（可参考“不同的睡前仪式”）；

第二，固定的用餐时间。一天至少要有一次全家人一起在餐桌上用餐，而且直到用餐结束，所有人都要留在餐桌上。

这样的仪式会给予每个人，尤其是给予孩子安全感、安定感和信赖感。

如果仪式才刚刚进入你的家庭和人生，之后你将渐渐发现，你的家庭生活会因此而变得轻松起来。

通过仪式，什么时间该做什么事，会明确和预先确定下来，也就是毫无妥协的余地。如此一来便能省去讨论的时间，你也不需要一直紧张。

读者们一定都有过类似的经验，即孩子们总希望事情的进行有相同的过程，因为这会协助他们进入特定的情境，同时也能让他们预先知道接下来要做什么。如果事情和他们的期待是符合的，孩子们将会因为再次经历相同的事而觉得开心，对此事也会感到放心。即便是令人厌烦的责任、义务，通过仪式也能让孩子觉得有趣，他们不想错过这些事。

我们自己也有很多愿意再去回想的仪式：

“每当晚上我父亲舒服地坐在地窖里时，我会帮他煮杯咖啡，并把夸克奶酪当成他下班后的甜点。”

仪式有助于构建日常生活，为之提供可靠的地基。不过，只有在它们没有变成孩子讨厌的事情时，仪式才能发挥功效。但是，对某些孩子必须要尽的义务来说，仪式却能带来减轻负担的效果。仪式会在家庭里被当成秩序架构，而且是每个人都能遵守的；仪式简化了所有日常流程，如此一来便不会再有人去讨论这些流程。

如果仪式已经内化成日常生活中的一部分，有时只有当它们产生变化时，我们才会意识到仪式的存在，而父母则很有可能在此时受到孩子强烈的抗议。例如，父母建议改换多年习惯的露营地点，或者不再去山上而改去海边等。

请比较一下你的家庭仪式与其他人的家庭仪式，有时候只有这么做才能显现出你已经拥有很多很棒的仪式，足以引以为傲；或者在比较之下，你会想到某些可以改变或补充的仪式。

仪式的作用

· 仪式给予孩子安全感、安定感与信赖感。

· 仪式能促进孩子独立。

· 仪式让日常生活得以预知。

· 仪式降低了孩子的恐惧感。

· 仪式给予你和孩子秩序和方向。

· 仪式能帮助孩子克服危机。

· 仪式能提高孩子的学习力并且增强专注力。

· 你可以借由仪式向孩子说明规则并设立底线。

· 仪式让孩子保持健康。

总结来说，仪式能让你的孩子拥有强健的人格，而且还会让他们健康长大。

仪式如何运用在日常作息中

所谓仪式，就是那些永远有着相同过程的行为，它们提供了日常生活中构建所有行为的过程，协助人与人之间产生相互影响。仪式还有其他优点：凝聚团体、提高安全感以及降低恐惧感等。不过，达到这些目的的前提是，所有人或是绝大多数人都认同这些仪式，并且接受它们。仪式必须是参与者们讨论过且愿意接受的，因为仪式可能会影响他们的人格特质。

日常生活的流程常常在仪式的协助下，有意或无意地被构建出来。仪式和规矩在教育工作当中是相当重要的基石，无论是幼儿园还是学校，特别是小学，都是有意识地使用仪式来进行活动，学校会通过仪式去推动和规划课程。

总是唱同样的歌，总是玩同样的游戏，这对于成人来说很无聊，但是这些从成人的角度上看似毫无变化的事情，对孩子们却是有益的。

举例来说，在不断重复之下，孩子很容易学会“我知道！我知道”这种惯用语。这样的惯用语能提供方向，而且有时会很快，甚至立刻就能让别人理解自己要表达的意思。不过，仪式必须是所有人都了解的，所有参与成员都必须接受它。

特定的仪式是某个特定程序的一部分，例如：所有小孩都知道，当他们到达幼儿园后就要做些什么，你的孩子也很清楚；晚餐之后他们还可以安静地玩几分钟，接下来就是每天都会重复的仪式——上床睡觉。

但是，如果仪式成为束缚，就必须赶快废除它。如果不想取消的话，那就用更好的仪式来替代。

不过，因为仪式大多都包含好的意义，所以我们不太容易废除它们。

仪式和规矩

仪式虽然和规矩不同，但却有着某些共同点。在幼儿园、小学或社团等与孩子有关的场所或家中，规矩提供了安全感。请想象一场没有规则的手球比赛或足球比赛，那必定会是一场充满混乱的比赛。

每个人都体验过规矩，并且会去遵守。规矩既然建立了，自然也要有不遵守规矩时的惩罚。这些惩罚有时会由某些成员共同制订出来，如家规、校规等规定。相较之下，仪式若未如期执行是不会有惩罚的，因为仪式呈现的是教育中正面的元素，不应该与“惩罚”联结在一起。

仪式如何简化生活，并产生归属感

仪式不只对孩子有所帮助，对身为家长的你也是有帮助的，因为仪式可以为你提供一套每天都会重复的情境“时间表”，甚至可以告诉你在不同的情况下该如何反应。

那些我们施行或选用的仪式，多半来自于我们童年的经验，以及在我们成长过程中所学会、看到、读到的事，或者是我们心中的愿景，即我们在人生中觉得重要的事，抑或是我们所跟随的价值观和规范。我们每个人都由此自动发展出一套仪式，并觉得这些仪式对自己以及孩子来说是正确且重要的。通常我们不会发觉，我们的行为当中已然包含着某些仪式。但若仔细思考，你将会发现，在某种特定的情况下，你总会做出相同的反应，即便只是圣诞晚餐的菜单。

除了这些自发性的仪式，和孩子们共同生活时，还有一件很重要的事，即在不同情境中须使用不同的仪式，例如一起吃早餐和在门口道别时使用的仪式就不同。每个仪式都可以给予你的孩子安全感和归属感，尤其是在遇到变化的时候，例如升学换校或进入青春期，他们将会因此而更懂得如何面对变化。

除此之外，仪式会让家人更团结。面对外人时，当我们发现彼此使用的是类似的仪式时，会产生同心的感受。

仪式物何时发挥作用？效果持续多久

如果我们仔细思索，很有可能所有人都会说“仪式伴随了我一生”。仪式是有意义的，而且也是永远存在的。根据年龄的不同，特定的肢体接触、行为或物品会成为某项仪式的辅助工具，会赋予某种行为个人特质，这都是有意义的。

仪式物可以是任何东西，每个人的仪式物也都可能不同，而且会因年龄或发展状态而改变。以婴儿奶嘴的使用为例：婴儿会在某特定时期需要奶嘴，而下个阶段可能会变成安抚巾或安抚毯。被幼儿园称为安抚娃娃的玩偶，可以帮助孩子在与父母分离的初期克服恐惧，但安抚娃娃最后可能会变成某本特定的书、一首歌、一只宠物、一件饰品、一封信或一件特殊的服装。请在这方面尽情发挥你和孩子的创造力。

这些不同的仪式物都是辅助工具，没有这些仪式物，特定的仪式就不可能进行，也不可能实现。

仪式物对每个人的意义皆不同。有的人紧捏着玩偶，是因为他需要有个能给他亲密感的东西；有的人出于害怕，想借着抓紧玩偶来摆脱不安；有的人则希望玩偶能带走自己因车祸导致的疼痛。因此对这些人来说，玩偶只具有“安抚功能”或“消除恐惧功能”，而非“玩具的功能”。

无论在任何年纪，当时所使用的仪式物与由之而生的仪式，对当事人来说都是最特别的。这里的重点在“任何年纪”，也就是说，即便成人亦然。有些仪式承袭自我们的父母，之后又由我们传递给我们的孩子，仪式通常是没有时间限制的。

只要某项仪式物对使用者来说是有意义的，那么它就会是充满价值且重要的。毕竟该仪式的执行是由这件物品导致，仪式能给予人们信赖感、安全感、安定感，并且能协助指引方向，同时又能消除恐惧和不安。

不过，仪式物不见得是“物品”，它也可以是一个动作。若你每天早晨拥抱孩子，每天清晨醒来时以及晚上睡前都给他们一个吻，那么这种拥抱和亲吻也是仪式物，而这种非常重要的肢体接触就会是一种仪式。

仪式可能会造成伤害

仪式可能会造成伤害。乍听之下你可能会觉得很荒谬，但确实如此。仪式可能会留存在不好的记忆当中，甚至会引起（巨大的）伤害。

“去奶奶家过周末时，我们都会去墓园看爷爷。我们会帮爷爷点一根蜡烛、扫墓、浇花以及祈祷。那条路对我来说很长，但我却不能骑自行车，而且为了尊敬亡者，我必须一直保持安静。”

“放假的时候，叔叔会邀请我和表妹到他家去，叔叔家有午睡仪式，那真是令人难以忍受。”

“整个假期，我都得帮妈妈大扫除，这个仪式让我的假期没有多少空闲的时间。”

孩子经历了某些情境或被迫做出某些行为时，他本身是无法预期、无法控制也无法决定的，或者他只是单纯地不喜欢这些情境和行为，且这些行为的决定者和执行者是其他人——有可能是父母、祖父母或周遭他人。那么，这些情境或行为很有可能对孩子的人生造成不好的后果，甚至引发孩子一辈子的心理创伤。孩子可能完全不了解你想通过这些行为达到何种目的，你的目标和企图孩子无法理解，甚至还会让他感到害怕。

本书的作者之一在孩提时有过一段可怕的经历，当她的阿姨过世时，表姐希望她能一起进入停尸间与阿姨道别。因为身为亲戚大多都会这么做，而且传统的仪式也是如此。表姐说了好几次之后，为了让表姐满意，她跟着进了停尸间。在此之前，她对阿姨的记忆一直都是很美好的，但是到了停尸间后，完全改变了。自此之后，无论她与死者是什么关系，停尸间里的送别对她来说都成问题。她现在就已经开始害怕，不知道当自己面对父母亲过世时会怎么样。但同样的事，对表姐来说并没有那么可怕，也没有给她造成什么问题，而我们的这位作者，却因为这个仪式留下了“挥之不去的阴影”。

要是你强迫孩子去做一件你觉得很好，但孩子却因为害怕而抗拒的事，可能会导致他一辈子都害怕这件事。孩子对这件事的理解与你完全不同，他还不够成熟，也许那样的情境对他来说会成为很大的负担。

请不用担心，只要注意几个简单的规则，仪式对你和孩子来说，便是有帮助而且美好的，这些规则书中将会陆续提到。

请注意，若仪式是在父母安排之下强迫孩子去做的，将会造成不良后果。只有将仪式与正面的事物做联结，仪式才会是有益的。此外，不断地调整仪式而非永远不变，是很重要的。例如，应该按照孩子的年龄、不同的需求或新的家庭结构来做改变。仪式也需要与时俱进，必须重新检视，定期调整。

如在星期天的早晨可以让小孩依偎在父母身边的时间长一点，但对青少年来说，却不再需要这么做，也许对青少年来说，一顿“周日早午餐”会更受欢迎。如此一来，随着年龄的增长，即便已经读大学的“大孩子”，也会很乐意在星期天回家一趟。

对仪式的坚持有时候可能会造成压力，例如年轻夫妻各自从原生家庭带来仪式，但这些仪式并不适合这个新家庭，又或者另一半有着不同的看法。这种时候双方需要大量的包容心和敏感度，才能一起制订新的、属于这个家庭的仪式并维持下去。

仪式该如何施行

· 最简单的当然就是父母双方一起思考，想在家中进行哪些仪式。

· 不要立刻施行一堆仪式，而是以两个为基准再逐渐增加。

· 不要大张旗鼓地宣告要施行仪式，而是悄悄地将之置入日常生活中。

· 如果孩子对仪式提出疑问，家长要耐心回答。例如，为何所有家庭成员都必须到晚餐结束才能离席。好好说明，孩子一定能够理解。

· 请记住，就算成人也必须遵守这些仪式。你将会发现，有些仪式很快就会收获成效，有些则需要较长的时间，直到它们完全融入生活为止。

只要留意这些原则，任何仪式都会成功。

Chapter

2

妈妈的一天是这样过的

有计划、有秩序、重复不变的日常生活，对你来说可能会显得无趣，但对孩子来说却并非如此。孩子喜欢例行程序和重复的事物，这会让他们有安全感和信赖感。

我们经常发现，即便是日常生活中的流程和例行的公事也会发生改变，而这些改变多取决于事件的不同或孩子的成长。因此，家长应该注意是否需要做些改变，才不会给孩子带来强迫感、压力及太多束缚。

请不要忘记，在所有秩序中加入一些空间，即自由活动时间，并允许孩子在这段时间里玩耍或做些他们感兴趣的事。

早　晨

一天的开始，起床、梳洗、吃早餐，这些并不是孩子天生喜欢的事情。如果你家的孩子有“起床气”，那你可能一大早就会开始感受到压力，甚至发生争吵。通过正确的技巧以及从小就开始进行的早晨仪式，每个早晨都可以让父母毫无压力地轻松展开。

“我们家每天早上总是吵吵闹闹的。为了让女儿睡饱再去幼儿园或学校，我都会晚点叫醒她，因此我们总是很匆忙，最迟在准备刷牙洗脸时，混乱就上场。我经常得在女儿哭闹的状态下，帮她刷牙、穿衣服，当我们互道再见时，往往彼此都松了一口气。那种感受有多不好，我想不用我说，身为父母都能理解！

“某天，我和女儿一起思考，为什么每天早上都会这样不愉快。对此，她有一个非常简单的解释：她其实只是想在早晨的这些事情开始之前先玩几分钟。于是我们一起做了决定，她每晚提前二十分钟上床睡觉，然后早上早一点起床。这样她在我们一起吃早餐并准备好上学和上班之前，就还有一点时间可以玩。”

有的时候只是几个小动作或短短几分钟，一天的开始便能变得简单很多，让早晨可以以更美好的方式展开。

起 床

关于起床，你可以建立一套美好的个人起床仪式，下面是本书一位作者的做法：

“早上我会温柔地唤醒女儿，慢慢拉高百叶窗，然后轻轻地抚摸她的头发，给她一个吻。在女儿逐渐清醒的那段时间，我开始准备早餐，同时我会开着儿童房的门，这样她就能听到声音，不会继续睡。现在，即便女儿比我早醒来，她也会躺在床上等我，因为她很享受我们每天早上都会做的这个仪式，她不想错过它。”

起床仪式要考虑到你和孩子的苏醒节奏。如果你和孩子都属于早晨平静型，那么你的一天可以这样开始：轻声走进房间，吻醒孩子，微微拉高百叶窗，让孩子慢慢苏醒。这么做，房间不会立刻就亮得让人不舒服。也许你还可以放些轻音乐，在孩子下床前给他一点时间平静地醒来，这样的话，早晨时间会轻松很多，而且会有个美好的开始。

如果你的孩子有起床气，那么就请你给他所需的安静空间，因为还有下午和晚上的时间足够让他恢复活力。让孩子看到你如何快活地展开一天，让他知道你也有要解决的问题，不要纠结在那些你觉得很重要的事情上，而是要将心比心地为孩子着想。

“早上我会和女儿在床上拥抱、亲吻，依偎在一起，并且一起做她的早晨运动——踩空气脚踏车，这真的很有趣。”

你听过《唤醒身体》这首歌吗？这或许也是一个在早上叫醒孩子的好方法！

唤醒身体

早安，亲爱的手臂，我们现在要叫醒你；

早安，亲爱的手臂，伸一伸呀，拉一拉。

早安，亲爱的腿，我们现在要叫醒你；

早安，亲爱的腿，伸一伸呀，拉一拉。

以此类推，你可以自行创作，这首歌能用在身体任何部位，快试试看吧！

或者你也可以在早晨和孩子做做晨间瑜伽，相关的儿童瑜伽动作可以参考乌苏拉·卡尔文（Ursula Karven）的书《席翅与瑜伽猫》（*Sina und die Yoakatze*）。

当孩子明白每天早晨的流程都是固定不变的，那么他们会知道可以信赖你，而且无须害怕上学或去幼儿园会迟到。

重要的是，流程要固定不变。这样孩子就会知道该做些什么，而且也能做好准备。

刷牙洗脸

起床之后当然就是带孩子到浴室盥洗。盥洗的流程因人而异，即便是小孩也能从固定的流程，也就是仪式中获益。

如果你的孩子还在穿纸尿裤，下面有个很棒的尿布仪式可参考：换纸尿裤时先让“手指小人”出来打个招呼，宝宝会因为感兴趣，而有耐心地忍耐换纸尿裤，换完之后“手指小人”还会再出现一次。

手指小人打招呼

小人要爬楼梯啰！（手指由脚爬至膝盖）

蹲一蹲，（搔搔膝盖）

再往上爬，（手指继续向上爬至耳朵）

按按门铃，（轻拉耳垂）

敲敲门，（非常轻地敲敲额头）

叮咚，叮咚。（再轻拉耳垂）

尽可能让自己习惯，将换纸尿裤的过程变成一种仪式。

如果孩子年龄较大，可以做下列的仪式，让孩子习惯洗手擦手。在洗脸台旁按孩子的身高挂一条他自己的小毛巾，当你把小椅子放到洗脸台前时，他可以抓到小毛巾，洗完手后还可以用自己的毛巾擦擦手。

换衣服

接着轮到换衣服了，也许你早在前一晚就找好了孩子想穿的衣服，而且早上时还用它们在地上拼出了一个人形。

也许你的仪式是和孩子一起看看窗外，想一想今天是冷还是热？昨天找好的衣物适合吗？或者必须增加衣物？又或许你们会一起听听气象预报，然后再想一想该穿哪件夹克？是否需要围巾、帽子、手套或凉鞋……

假如可以在每天早晨帮女儿梳头发、扎辫子或梳个漂亮的新发型，也会是个很棒的仪式。也许你也可以和孩子一起找找搭配发型的小发夹……

请看看哪些仪式最符合换衣服的程序，发挥你的创意吧！

吃早餐

在苏醒、下床、梳洗、穿好衣服后，紧接着最重要的事就是“吃早餐”。共享早餐时光不只是项重要的仪式，也是为孩子奠定在幼儿园或学校度过美好一天的基础。请规划足够的早餐时间，不仅你自己可以借此培养一天的精力，也可以和孩子聊聊昨晚的梦等。如果孩子做的是噩梦，说出来后会比较轻松，也不会被噩梦困扰太久。如果孩子将参与一场艰难的测验，你可以在这个时候用简短的提问来化解他的担忧和害怕，也可以和家人们谈谈今天的行程和规划。

这段共享的时光与对话会让孩子有归属感、信赖感和安全感，他会觉得受到家庭的保护。请记住，早餐要均衡且丰盛，孩子才能一整天都充满活力。

如果你的孩子每天早上都能使用专属的或自己喜欢的餐具、杯子用餐，这也会是个很好的仪式。

中　午

每个家庭在这个时间都有着各自的流程，你有可能要去幼儿园或学校接孩子，或者因为孩子已较大能独立了，所以他自己可以走回家。也许你已经准备好了午餐，正迫切地想听孩子说今天发生的事；也许你又忙又赶，几乎不得闲，甚至是一团乱；也许孩子会在托儿所或学校用餐，所以你不需要准备午餐……

不管你的家庭状况如何，仪式都能帮上忙，协助你好好处理中午孩子回到家的这个时刻。

所有的仪式都会因人而异，重要的是你的家庭生活流程必须一致，如此一来孩子才会知道接下来将会发生什么事，并获得安全感。例如，他必须知道中午会有东西吃。

◉→ 到家后的仪式

回到家的第一件事是脱掉鞋子和外套，将它们收好，再换上拖鞋。接着从书包里取出水杯和餐盒，拿到厨房准备清洗。接下来马上就要吃午餐了，所以在上餐桌之前，必须把手洗干净。或许你会根据家庭成员年龄的不同来分配工作，有的负责摆放盘子和餐具，有的准备杯子和饮料，有的得负责清理。或许你家还需要在用餐前一起祈祷。

吃午餐时大家会说说今天做了什么，有哪些新鲜事，有没有要讨论或说明的事情。

有的家庭用餐时，家庭成员会轮流说自己今天的经历。请确保每个人都发言了，没有人被忽略。这是个很好的练习，可以训练孩子的发言能力。

午餐后每个人（按年龄而定）都有一小段休息时间，也许休息后孩子还有功课要做。

午休时间

你还记得自己的上学时光吗？你还能感受到上学有时是很辛苦的吗？结束全天或半天的课程和每周两次的体育课后，如果还要背着沉重的书包骑自行车回家，那么真的需要好好地午休一下。即便对大人来说，午休时间也变得越来越重要。

“吃完午餐并一起收拾餐桌后，我们家的每一个人（包含大人在内）都有至少二十分钟的午休时间。最小的孩子会睡一下，大一点的孩子会安静地玩一会儿，看看书或听听有声故事，而我们大人则利用这段时间看看书或杂志。”

即使你的孩子长大了，固定的午休时间绝对还是有意义的。就算他们不午睡也没关系，孩子以前习惯午睡，也许现在已经不需要了，但午间休息对他来说还是有好处的。请和孩子提前约定，例如午餐后固定休息约三十分钟，他可以在这段时间看看书、安静地玩一会儿或听听有声故事。重要的是，他在这段时间内不会去做活动量过大的事情。

下面有两个非常棒的点子，让你可以简单地为一段美好的午休时光施点魔法。

魔法岛

在孩子房中铺一块野餐垫，再加上几个抱枕，就可以轻松地为孩子变出一座很棒的“午休魔法岛”。

藏宝箱

你也可以设置一个专供午休使用的“午休藏宝箱”，里面放一些声音很小、可以放松的好物品。例如，特别的画笔，着色书或图画书、绘本，又或者手工编织器、串珠、曼陀罗着色书，等等。请和孩子一起为这个箱子想一个名字，这只特别的箱子必须被保存在一个特别的地方，而且只能在午休时间把东西拿出来，等午休结束后，要再放回去收好。

晚　上

规律的作息时间对每个孩子来说都是极为重要的，这样孩子才能拥有健康的睡眠习惯，所有年龄层的孩子都一样。每个父母都希望，孩子晚上能很快入睡。要做到这点其实一点都不难。研究指出，不规律的作息时间会给人造成一种类似倒时差的疲惫状态。很重要的一点是，幼儿时期的发育会影响终身的健康，所以睡眠节奏不能被打乱。特别是正处在成长阶段的孩子，作息不规律很可能导致长期的健康问题。

根据研究显示，孩子在一两岁、五岁和七岁时的睡眠状况，会影响孩子日后出现行为异常的问题。对三岁的孩子来说，不规律的睡眠时间会造成周期性失眠与行为异常。所幸只要开始规律作息并持之以恒，不规律所造成的影响也会降低，长期性伤害也会明显改变。

在孩子上床睡觉前，必须有一套一再重复的特定程序，如此一来孩子就会知道，接下来就是睡觉时间了。例如，可以由整理房间开始，接着洗手、再玩一会儿、换上睡衣、刷牙、念故事、抱抱、闲聊，也许还可以在床边放一杯水、把安抚玩偶放在手边、点亮小夜灯，等等。

“小时候，晚上我们会坐在客厅里，我会和爸爸妈妈依偎在一起。到了该上床的时间，爸爸妈妈会把我放在一张毯子里，我就像躺在一张吊床上一样，他们会一前一后抓着毯子摇晃，边摇边把我带到床上。等我躺上床后，妈妈会唱一首歌给我听。每次我都可以自己选一首歌，但我永远想听的都是弗瑞德力克·华勒（Fredrik Vahle）的《鸡舍》（*Der Hühnerhof*）。”

即使你的孩子还不会看时间，但有了仪式，他会清楚知道这个时候要上床睡觉。父母双方要轮流带孩子上床睡觉，这样才不会让孩子只想由父母当中特定的某一人陪。

到了孩子的卧室后，将灯光调暗，上床后再抱抱亲亲一下，也许可以做个小瑜伽，讲讲故事，唱唱歌，聊聊白天发生的事，说晚安时给彼此一个吻，关上灯，播放安抚音乐或助眠音乐，半掩上房门。

请向孩子保证你会常常去看他，例如十分钟一次。刚开始时，他会注意你是否真的做到，当孩子发觉父母信守承诺后，就能平静地入睡，之后再逐渐拉长时间即可。

重要的是，一开始就得在安静、放松的气氛下进行，让你的孩子需要也喜欢这种仪式化的程序。

你一定听到过孩子上床时说“我还不想睡”这句话。当孩子这么说的时候该怎么办呢？请保持冷静，放轻松，然后坚定立场。绝对不要对孩子的抱怨生气发怒，稍等一下后再平静地重新做一次仪式就好。

有些孩子需要好几周才能接受某项睡前仪式，但有些孩子只需要几天。重要的是，你需要保持冷静、坚定，有耐心。由于你自己可能会先失去耐心，所以请务必放弃所有助眠法，如亲喂、瓶喂、奶嘴（只有小婴儿可以）、背睡、抱睡、用车子推着睡等，这些方法常常会造成孩子出现睡眠障碍。因为孩子习惯了这些不好的助眠法后，会一再地需要这些过程才能入睡，即使是半夜也不例外。请和孩子约定好并坚守承诺，否则你将会失去孩子的信任。

不同的睡前仪式

·“晚餐后再玩个几分钟，然后就要换衣服、刷牙（顺带一提，对于心不甘情不愿的小男孩，唱首歌会很有用），接着是讲故事（一起坐在沙发或父母床上，念一个孩子自己选的故事），然后在我们的床上再抱一下，最后回到自己的床上，在晚安曲中入睡——这就是我们家的睡前仪式。”

· “我儿子可以在他上床睡觉前，看一小段他喜欢的儿童节目。”

· “我女儿小时候，我会用玩偶和她说话。她最爱的兔子玩偶费利克斯会沿着房间门往上爬，从上方惊讶地向下望，和我女儿再说些话后，从门上助跑跳上她的床，重复五次后才结束，我这样做了大约两年（从三岁到四岁）。”

· “大约有一两年的时间，讲故事是我们家睡前最重要的事。我想这绝对是最棒的睡前仪式。”

· “当孩子大一点时，我会和他们在睡前玩一会儿。把手伸进被子底下动来动去，假装是只螃蟹，去捏孩子的屁股，通常都会让他们开心地大叫。”

· “孩子会等我再去看他们时，做一些有趣的事。虽然他们会再度清醒过来，但却会因此而感到满足。”

· “我认识一个小男孩，他一定要放两颗苹果在枕头旁才睡得着，可惜如今已经没有人知道这项睡眠仪式是怎么来的了。”

重要的是，你是有意识地在平静、无压力并与孩子共处的情况下带他们上床。请不要在睡前看电视或讲太刺激的故事，最好和孩子平静地聊一聊今天所发生的事。不要在睡前拿当天生气的事去刺激孩子，在事情发生时就应该和孩子说清楚。

绝对不要在孩子不听话时叫他到床上待着，把床当成处罚工具。这么做孩子会将床与怒气、恐惧做联结，而非休息、睡眠这些美好的事。

请坚持下去，你的孩子一定会拥有良好的睡眠习惯。

睡前洗澡

睡前的仪式可以选择适合孩子的方式，但是顺序不可以改变，孩子才能适应程序并拥有安全感。在洗澡时，孩子可以体验温柔且充满爱意的感受，他能通过身体的碰触和你产生紧密的联结。宝宝会因此而爱上洗澡、拭干和抹乳液，他会喜爱光着身子和你待在温暖的房间里嬉闹、玩耍以及和你亲吻拥抱。你也能在帮孩子洗澡时，念一些好听的歌谣或自编歌曲。

水精灵

水精灵从浴巾里冒出来，
爬过小手、手臂，直到头上，
敲敲额头再碰碰鼻子。
水精灵带着水壶爬上山，
敲一敲，说鼻子先生你好啊！

蹦蹦与跳跳

亲爱的腿啊，你们好！
你们叫什么名字呢？
我叫“蹦蹦”，
我叫“跳跳”。
我是小脚“小捣蛋”，
我是小脚“小皮蛋”。
小捣蛋和小皮蛋要去旅行，
啪啦啪啦穿过沼泽，
弄湿了鞋子和袜子，
妈妈过来看了看，
两只小脚跑掉了。

唱这些歌时，你可以自由加上动作。刚开始的时候你可以主动去摆动孩子的双脚，不久之后他就懂得自己做了。

父母都知道，当孩子年龄大一点时，他会做一些自己想做的事情。在做之前，他必须清楚流程，并知道做法。请给孩子提示并协助他。

重要的是，请规划充裕的时间，让洗澡可以在安静、没有时间限制和压力的情况下进行，如此一来孩子便不会抗拒，会玩得很开心。

这么一来，洗澡就会变成一种虽然必须做，但却让人感到舒服的事。

如果进行得不顺利的话，请记住，不能呵斥、责骂孩子，请多点耐心。此外，孩子洗澡时，自创的洗澡歌或童谣往往能派上用场，重要的是让孩子知道什么时候该洗澡，以及洗澡时该做些什么事。

开心刷牙

为何刷牙会让那么多孩子讨厌并且反抗呢？其原因不明，但大部分的孩子确实不喜欢刷牙。即便如此，运用仪式就能创造奇迹！你可以在孩子刚开始学刷牙的时候，教他边刷边唱刷牙歌，刷多久就唱多久，歌词怎么唱就怎么刷。对某些孩子来说，手偶也会有所帮助。请试试哪种方式最适合你的孩子，并维持这种方式直到孩子能独立刷牙为止。

> “有趣的是，我的女儿永远只愿意在我唱‘所有小鸟都来了’时刷牙，而儿子们却是要另想办法。最好常常变化，找些出乎他们意料的有趣事物。”

入睡

关于睡眠，宝宝是比较容易控制的。先喂宝宝喝奶，接着换尿布、轻声哼唱催眠曲，或者放安抚音乐。这么做宝宝很快便会了解到今天已近尾声。或者你也能这么做，来影响孩子的生理反应，例如轻声交谈，让四周安静下来，接着将灯光转暗，生理系统便会自动降低速度，准备好要睡觉。

“我们家有一个很棒的仪式：我和孩子会一起望向窗外，搂着孩子，看着夜空中的星星、月亮或飞机。还会一起读一读童书《猜猜我有多爱你》里的句子：‘我爱你××（加上孩子的名字），从这里一直到月亮。我爱你从这里一直到月亮，再绕回来。’”

“晚上我会和女儿一起爬上她的床，窝在她的被子里为她读故事。讲完故事后，她会告诉我她一整天遇到的事，这个仪式对她来说很重要。我要离开她房间时，会帮她打开夜灯，并播放一个不刺激较平和的故事。故事常常都是同一个，因为她听这个故事通常都很好入睡。等我上床前，会再去孩子房里看看，关上灯，帮她盖好被子。由于女儿知道我半夜还会再去她房间里看看她，所以她很有安全感，而这也能让她更平静地入睡。”

就像我们看到的，固定的行为和仪式物非常有用，可以让孩子好好入睡。

很多孩子都有一个上床睡觉时不可或缺的玩偶，和这个玩偶一起，他们会睡得特别好，有的孩子还会在上床后向玩偶叙述自己的烦恼或秘密。如果要在别处过夜，这个玩偶可以帮助孩子，在不熟悉的环境之中安稳入睡。

“当我还很小的时候，睡觉前总要晚祷，因此我能在将自己遇到的事和烦恼告诉‘亲爱的上帝’后平静地入睡。而我的父母也能同时知道我的想法，并且帮助我不再害怕和烦恼。接着我会抱着我的泰迪熊，通常我都能很快入睡。有的时候我也会把我遇到的事情和烦恼告诉泰迪熊，有一个分享秘密的对象，所有事情便没那么糟糕了。妈妈爸爸永远都用同样的方式帮我盖好被子，我既不会着凉，也会获得安全感。我房间的门会留下一条小缝，好让外头的灯光泻入房内，而妈妈也会在半夜静悄悄地再过来看看我。”

这些仪式将持续很久，直到年龄增长后有新的仪式或被其他的仪式取代。仪式的改变某种程度上是自发的，会随着成长而改变。

许多孩子白天在学校的时间很紧张，或者单纯天性敏感，在学校或幼儿园里会遇到许多新事物和压力。这些都会让孩子一整天都像上紧的发条似的，所以让他们能够平静下来很重要。在夜晚逐渐降临，孩子必须上床时，保持平静是绝对必要的。对于必须专注在课业上的学龄孩子，让他们学习如何平静下来也同等重要。起初父母可以教他们怎么做，之后让他们自己完成。

下面有几个让孩子心情平静下来的小仪式，你可以试试看！

让孩子平静下来的小仪式

讲故事抱抱

找个片刻安插一段讲故事休息的时间，一起在沙发或某个安静的地方和孩子依偎在一起。孩子想要的话，也可以盖一条舒服的小毯子在身上。给他讲一个内容不刺激的故事，也许他会有一本特别喜爱的书，而且总是要你讲这个故事给他听。当你有规律地这么做之后，将会发现，在这种情况下孩子很快就会放松下来。

热牛奶加蜂蜜

你一定也知道在热牛奶中加入蜂蜜，喝下时那让人平静的功效吧！或许这能成为一种让孩子在晚上平静下来的仪式。

幻想之旅

来趟幻想之旅吧！市面上有许多很棒的放松音乐，你也能在网络上找到不少资源。和孩子一起听着音乐，随着音乐天马行空地去想象，让孩子来场专属于他的幻想旅程。在和你一起做了几回练习后，孩子也能自己进行这个仪式。这样即便在只有他一人的情况下，他也能学习让自己平静下来。

放松练习

你知道放松练习吗？进行放松练习有助于舒缓焦虑和压力。你可以改变一下做法，找出适合孩子的方式，这也是能帮助孩子平静下来并好好入睡的仪式。或者讲个让孩子放松的故事吧！乌莉克·佩特曼（Ulrike Petermann）所著的《尼莫船长》（*Die Kapitan–Nemo–Geschichten*），书中有非常漂亮的水底世界插图；哈山·雷非（Hassan Refay）的《史特奇401》（*Stecki 401*）也是一本能让孩子感到舒服的放松故事。

画画或写日记

画一张有关今天的画，或者当孩子大一点时，让他将今天发生的事写进专属他的带锁的日记本中，这些都会成为很棒的仪式。

如果你必须偶尔换个方式帮助孩子放松，例如因喉咙沙哑而不能讲故事时，不用太担心，搭配好闻的乳液来个小小的脚部按摩吧！

按摩也是可以帮助入睡的夜间仪式

按摩的形式不拘，如果你能帮你的按摩法取一个很棒的名字，定能加分不少。“晚安按摩”或“好梦按摩”如何？发挥你的创意吧！

另外，有种比萨按摩法也很受欢迎。

比萨按摩法

这种按摩法可以由父母来为孩子做，或反过来让孩子为你们做也行。做法如下：把背部当成“工作台”，假装放上比萨面团，擀开面团后铺平，以抚摸的方式放上“比萨的配料”（西红柿、青椒、蘑菇、香肠、火腿、奶酪等），接着将“比萨”送进被窝“烤”到明天早上。

经典方法：晚安故事

晚安故事绝对是夜晚仪式当中的经典，你有许多不同的选择，如寻物绘本、一千页小说、爸爸或妈妈自创的故事……什么都可以。需要注意的是，别选太过刺激的书或故事，以免孩子不好入睡。尽可能维持一定的故事时间，如果还能再调暗灯光并轻声读故事，孩子入睡就几乎没问题了。

> “与孩子相处时我最喜欢的仪式是晚安故事。当孩子大到逐渐不想再听故事时，我自己并不是很开心。”

孩子最喜爱的是父母自创的故事。别觉得你没办法自创，这其实很容易，多半只要一个简单的故事线，由“很久很久以前……”开始讲起。你也可以参考下面的《巨人玫瑰花》的故事，讲给你的小小孩听。

巨人玫瑰花的故事

“很久很久以前有一朵巨人玫瑰花，它非常非常大，它有一个非常非常大的家庭。巨人玫瑰花的家里有非常非常大的妈妈、非常非常大的爸爸，还有七个非常非常大的兄弟姐妹，它们分别是非常非常大的莎拉、非常非常大的卢卡……”

想必你可以想象这个故事会没完没了，不过孩子多半都会在你说完所有兄弟姐妹之前就睡着了。

如果孩子也能出现在故事里面的话，他们将会特别感兴趣。你可以把书中角色的名字用孩子的名字来取代，或者为孩子创造一个故事。也可以单纯和孩子聊聊这一天过得如何，或者告诉孩子他小时候发生的故事，讲讲自己孩提时代的事给孩子听。

自创的睡前故事

小动物（鸟巢里的小鸟或兔子洞里的小兔子）在父母不在身边的情况下经历了一场小冒险（孩子能借之联想到曾经经历过或即将遇到的事情）。在故事结尾，这只历劫归来的小动物回到温暖安全的兔子窝（鸟巢）后变得更勇敢了。

想象是毫无限制的，讲个有趣的晚安故事其实一点也不难，干脆就从今晚开始吧！

催眠曲

好听的催眠曲不计其数，对小孩来说歌词并不重要，因此你可以不用管歌词，自编自唱一些经典的催眠曲，例如“宝宝睡，快快睡……”

“对我的孩子来说，催眠曲永远都是同一首。最小的孩子是《小花睡着了》，其他孩子则爱听《你知道有几颗星星吗》。”

“我的小孩最喜欢弗瑞德力克·华勒（Fredrik vahle）的歌《睡吧××（孩子的名字）》，‘睡吧！夜晚马上来了，把云做成拖鞋。’”

“法兰克的妈妈每晚都会带他和妹妹上床睡觉，他们其中一人可以选一首催眠曲，妈妈会唱给他们听。好笑的是法兰克的妈妈只会三首催眠曲，所以几乎都能猜到哪首歌会被选中。不过即便如此，他们也都会开心入睡。”

晚安，做个好梦

当睡觉时间来临时，你一定也有自己的固定仪式吧！做完所有的睡前仪式后，待孩子平静地放松下来，你以一个最后的晚安之吻道别，再次帮孩子盖好被子，将泰迪小熊放上床或塞进孩子怀里，关掉阅读灯，祝孩子安睡做个美梦。孩子会觉得很有安全感，他知道如果发生什么事，你就在不远处。请点上小夜灯。如果你们约定好，你还会进房里看看。请不要忘记去做，刚开始时孩子一定会去注意你是否真的再次回到他房间，看看一切是否安然无恙。

该如何对付噩梦呢？

所有成年人都知道，睡眠是为了休息。孩子会因为偶尔在夜间做噩梦，而产生恐惧、忧虑的状况，让他们不想单独一人睡觉。

孩子必须能从你身上获得受到保护的感觉，即使你在别的房间睡觉，他也必须感受到自己很安全。

孩子的发展也会影响梦的形式。一岁半左右，孩子开始会做有画面或有场景的梦，但他们还无法解释这些梦，或者并不知道那只是梦而不是真的。他们不知道梦中的人和动物只存在于梦境里，醒来就会不见了。

六岁左右，孩子开始能够理解他的梦并不是真的，梦不存在于现实当中，但是在这个时期做噩梦的情形却会越来越多。孩子会做噩梦的原因有很多，如生病、面对新事物、和朋友相处的经历、家庭或学校的压力等，也有可能是你完全想不到的原因。请开口问问孩子做了什么梦，如果他能说出来，便不会一直被噩梦所困扰。而且，他很快就能知道，这不是真的。他会知道只要醒过来，梦就会消失。

和孩子谈论梦境，你还可以更了解自己的孩子，知道他承受着哪些负面情绪，或者他有哪些正面的想法。请和孩子聊聊他的梦，让孩子在和你谈论梦境时不会感到害怕或羞赧，也不会觉得自己必须独自面对，这是非常重要的。

无论孩子多大了，一旦他因为做了噩梦而呼唤你或跑到床边找你时，请抱抱他，平静地和他说说话，告诉他没事的，那只是个梦（以及那并不是真的）。等孩子确实冷静下来后，再带他回到床上，向孩子再道一次晚安，抚摸他或亲亲他。做法视你们的晚安仪式而定，要让孩子觉得你就在附近守护着他。

你同样也可以利用仪式来保护孩子不受噩梦侵扰。

赶走噩梦的仪式

魔法被子

在睡前抖动孩子的被子，告诉孩子这样做会抖出“魔法粉”。“魔法粉”可以让孩子睡得更好，而且还会带来好梦。这种仪式与你在说话时制造的奇幻氛围往往能创造出真正的奇迹。

用魔法招来好梦

每晚念完故事后，我都会用手将噩梦从女儿的脑袋里拉出来，同时念一些咒语。然后，我就会在她的脑子里施放做好梦的魔法，一边抚摸她的头，一边轻声念她觉得很棒的事物（如马、精灵、猫、勇敢，等等）。

将噩梦画下来

你可以在孩子做噩梦的隔天，拿张纸请孩子画下来。接着再撕毁它，并丢进垃圾桶，或者和孩子一起把它烧掉（注意安全）。

保险箱

你也可以和孩子一起制作一个大保险箱，然后直接把噩梦装进去，锁起来。

当梦的导演

如果孩子做了噩梦，你们可以一起想想这个梦怎样会变得比较正面，或者是否有人可以在梦里帮上忙，如一个特别强壮的英雄或动物，他们可以打倒梦里的敌人。通过这样的仪式，孩子将逐渐学会摆脱噩梦。

捕梦网

你可以和孩子一起做个捕梦网。亲自动手做这点很重要，如此一来这个捕梦网才会有用。你可以事先把捕梦网的故事讲给孩子听，接着制作时加点想象力，编一个捕捉噩梦的网；也可以给孩子心理暗示，如告诉他捕梦网的中间留一个圆洞，在下面的线绳上吊上羽毛，就能招来好梦。

面对独自睡觉的恐惧

小孩最喜欢和爸爸妈妈一起睡了，在父母身边闻着他们的气味能让孩子安心，他们会觉得很有安全感。

偶尔让孩子到父母床上一起睡，确实也不是什么需要谴责的事。你可以问问孩子为何喜欢跟你们一起睡，你一定会得到答案。

> “我女儿觉得闻到我的味道很好，那会让她很有安全感。我们很快就找到了解决办法——她每天晚上可以带一件我穿过的衣服上床睡觉，她还常常把我的衣服穿在自己的睡衣外面。从此之后，独自在自己的房间睡觉，对她来说就不再是问题。”

对某些孩子来说，他们的房间实在太安静了。躺在床上时，孩子很喜欢听到父母发出的声响。请在你们还未上床，且屋内还有各种声音时，让孩子的房门留个小缝。如此一来，孩子便会知道你就在不远处，而且随时可能进来。

如果你的孩子怕鬼，请在睡觉前和孩子一起在房里“抓鬼”。一起翻看房里的每个角落、衣柜和抽屉，让孩子确信没有任何一个地方还藏有会在晚上来骚扰他们的鬼怪。孩子一定会觉得这么做很有趣，同时又能让他们相信自己的房间里没有恐怖的东西。

请自行寻找适合你和孩子的方法，每个孩子都有不同需求，身为父母的你必须好好倾听和观察，那么你将很快就能找到协助孩子独自睡觉的方法。

你也可以利用守护玩偶或守护故事。这个玩偶最好很大，例如一只毛茸茸的海豹或者一条大鳄鱼。

这样可以让孩子觉得在梦中遇到危险或做噩梦时，可以骑到它们背上去。睡觉时，它们也可以打跑怪物或不好的事物。

在芭柏·施巴特夫（Barbel Spathelf）和苏珊娜·史泽施尼（Susanne Szesny）合著的童书《现在要睡觉了》（*Jetzt Wird Aber Geschlafen*）中，一只瞌睡鼠会在睡觉时帮忙赶走噩梦。可以给孩子讲讲类似的故事。

周末——和平日不同

星期六终于到了——周末终于到了。今天孩子不用去幼儿园或学校，你也不需要去上班，在假日所有事情都会有那么一点不同。

周一至周五全家人很少能全部到齐，因为父母（或只有当中的一方）要工作，而孩子要去幼儿园或学校，下午的时间则安排给家庭作业、运动、交友、音乐才艺班，等等。

今天所有人都可以晚一点睡觉，开启家庭的周末模式。你有时间吃顿丰盛的早餐、安排个特别的计划，但每个周末都是如此吗？

“这并非规律的仪式。我的父亲很忙，而我出生在一个有三个姐妹的家中。每当我单独和父亲去做一趟‘男人们’的郊游时，那感觉总是非常特别的。通常我们会给橡皮艇充气、打包一些食物，然后往我们附近的河流下游划去，划了几公里以后会看见一座花园餐厅，我们会在那里稍作休息。郊游途中我们只会说些没有女人的‘男人间的对话’。行程中的气氛非常特别，也非常棒，我认为那几小时的时光，对我们父子之间能一直保持良好关系有很大帮助。”

对家人来说，周末多半没有什么非做不可的事，大家都想休息。全家人可以一起计划做一些在平日没时间去做的事。不过，做这些事情时，必须让每个人都没有压力。每个人都想好好过周末，周末的时间属于家庭，但也属于个人。请在家庭会议中约定好，谁可以在什么时候做自己的事，以及你们全家人要一起做些什么。

“周末家人会一起去踏青，在户外削一些木棍，生起火来，把香肠串在木棍上烤，也可以把马铃薯丢进火堆里烤。”

重要的是，你和家人一起度过了一天中大部分的时光，而不是像平日一样各忙各的。

什么可以当作周末仪式

共同的家庭时间仪式是非常重要的。这么做可以使家庭更有凝聚力。家人碰面时可以好好聊聊自己的事，说什么都可以，也可以一起讨论要做些什么。

周末也可以来点特别的活动。我家会在周末轮流下厨，煮一道家人喜欢的菜肴，通常也会再准备一份平日没吃过的饭后甜点，就连早餐也会和平日不同。早餐会特别丰盛，有新鲜面包、水煮蛋、水果沙拉、巧克力奶霜（我们平日不会吃这个）。周末时，大家一起玩一些要多人参与才能玩的游戏，或者来趟很棒的郊游。

“我们会挤在爸爸妈妈床上一起看儿童节目，或者一起做些类似的小事，这感觉真的很棒。”

“所有人在星期天都可以睡得比平常晚，孩子们也被允许在这天挤在我们的床上抱抱。”

“周末终于有时间和孩子一起看看报纸了，虽然看的是儿童版……”

“因为父母工作的关系，全家人只有星期天才能聚在一起。周末的夜晚全家会一起看电视、吃甜食，还有星期天晚上我们都会泡澡。”

假日要做什么，应该在“家庭会议”上全家一起决定。因为孩子在学校已经过了紧凑又有压力的一周，也许他们只想待在家里，不打算做些特定的事。

如果这周有重要的活动要去做，例如姑姑生日得去拜访，那么父母就得努力将“活动计划”局限在周末里的某一天之内，以便还有另一天可以用来从事一起决定要去做的“美好活动”。

其他可以一起做的仪式

- 在父母房间打枕头战；
- 穿着睡衣吃早餐；
- 延长看电视的时间；
- 一起吃午餐；
- 可以由某人许愿要做什么，如郊游、运动、散步；
- 拜访亲戚朋友；
- 烤蛋糕；
- 玩游戏……

相信你一定有许多好点子。

还有一些仪式是有规律性的，例如，休长假时到爷爷奶奶家住两个星期，或者由家庭成员轮流想一个可以一起做的活动或郊游地点，又或者在家庭会议上讨论下次要去哪里度假。重要的是，每个家庭成员都可以参与讨论，并且享有他应得的权利。

制订全家人的计划

全家人一起想想各自喜欢做什么，计划共同进行的活动，如郊游、一起用餐、一起玩游戏等。但也要规划个人时间，如当父母看报纸时，孩子可以在这个时候画画。大家一起来制订固定的时间表吧！

所有规律的例行公事都是你们个人的、不可放弃的家庭仪式。

对于分开生活的父母来说，周末是全然不同的，不过还是有仪式可循。通常孩子可以到平日没有一起生活的另外一方家住，孩子会因此非常期待周末的到来，希望好好享受那短暂的时光，并且做些和平常不一样的事。

“我们会在星期五一起去图书馆借影片，然后晚上一起边看影片边吃着自制的爆米花……”

要怎么用煤气炉和锅自制爆米花呢？

需要的材料有：

爆米花玉米五十克；

食用油四匙；

糖或盐三匙；

可依个人口味加入如帕玛森奶酪等。

做法：

在锅里加入油，开火加热。油要非常热时再加入爆米花玉米，撒上糖或盐，搅拌均匀，盖上锅盖，接着关小火。当玉米粒开始爆开时，摇晃几下锅。等锅里的爆开声平息后，再将爆米花倒进大碗里散热。一碗好吃的自制爆米花就完成了！

夫妻的相处时间

不管我们多么爱孩子，我们和另一半的关系也不能因此忽视。请每日、每周或每月安排几个专属于两个人的小仪式。例如，至少每个月安排一个星期六晚上找保姆来带孩子，好让夫妻俩可以独处一段时间。你将会发现，这也是一种强化夫妻关系相当重要的仪式。当夫妻有了专属两个人的美好仪式之后，你将会看到正面的影响扩散到你们和孩子之间。

Chapter

/

3

祝你用餐愉快

用餐时间对一个家庭来说，是最适合用来实施全家性的仪式了，但前提是必须所有人都一起用餐才行。要安排固定的时间，且次数越多越好，最好天天都施行。

请规划充裕的用餐时间，好让全家人在用餐时能好好聊天，谈论计划或彼此关心的事。这天过得如何？有什么计划？也可以说说自己的烦恼和害怕的事。不过请注意，不要谈论沉重或让人不舒服的话题，例如学校成绩。为了让一起用餐成为一项美好的仪式，你可以订立“餐桌上只能有美好的话题”的规则。

餐桌上的仪式

或许在你的家里，每个人在餐桌上都有自己固定的位子和最喜爱的餐具。请营造出愉悦且轻松的用餐氛围吧！你可以和孩子一起布置餐桌，或依年龄让孩子自己准备餐具。仪式有助于潜移默化孩子的行为，所以父母从一开始就要成为孩子餐桌礼仪的榜样。当然，孩子还是需要规范的。

为了让孩子开心用餐，可以在某几天准备特定的菜肴，这将会很有趣，也很有意义。以下是我们的作者的几个餐点日：

> “星期一是面条日，贝拉必须负责制作酱汁。”
>
> “星期二是煎饼日，我还会根据季节加上新鲜水果。当然对我来说，最好吃的是苹果煎饼。”
>
> “星期五我们会吃马铃薯佐菠菜及炸鱼柳，我觉得这很棒，而且直至今日我偶尔都还会做。”
>
> “星期天永远都是最棒的日子，因为饭后甜点是冰淇淋。我从星期六就会开始感到兴奋，而且愿意收拾餐桌的人还可以多吃一份，我常常都会获得那一份。”

美国康奈尔大学的一份研究报告指出，与家人一起用餐的次数多少会影响到家人的健康和体重。每天在家共进晚餐的人，有将近三分之一（不论成人或小孩）不会有体重过重的问题。这篇研究关注的不是食物的质量，而是共餐时运用家人所信赖的仪式带来的平静和安全感所产生的影响。研究人员甚至进一步指出，在对抗肥胖等问题时，全家共餐仪式的重要性被大大低估了。

餐桌礼仪对你而言一定不陌生，许多家长都希望孩子在餐桌上有好的表现。要想达到这个目标，怎么做才是最好的呢？

家庭餐桌礼仪

· 饭前洗手。
· 家人们都有固定的座位，用餐时，得坐到自己的位置上。
· 嘴里有东西时不要说话。
· 每个人在准备用餐和收拾餐桌时，各有固定的工作。
· 用餐前要祈祷或说一句固定的开餐词。

最重要的是，你得成为好的模范，因为孩子喜欢和爸爸妈妈做一样的事。

帮助孩子用餐

为了避免孩子吃得乱七八糟，需注意给孩子食物的方式。当你给孩子面类食物时，把面剪小，孩子就能方便用汤匙吃。这么训练的话，当孩子四岁后，说不定就能完美地用汤匙或叉子吃面了。如果汤有点浓度的话，孩子吃起来会比较容易，所以如果你觉得汤比较稀，可以加点土豆泥。

基本上，父母必须遵守固定的用餐时间，不要延后太久，如此一来孩子也会习惯定时用餐。注意不要在两餐中间让孩子吃太多零食，尤其是快要用餐之前。当然，如果孩子真的很饿，可以给他一些健康的食物，如水果、蔬菜或全麦饼干等。

脏脏日

如果你认为自己已经做好榜样，但孩子的餐桌礼仪依然需要再加强的话，那么试试看下面这个办法，即和孩子约定好每月有一天是“脏脏日”。当天所有人都可以用他想要的方式吃东西，例如用手抓食物、边吃饭边说话等。如果他喜欢的话，也可以边吃东西边发出声音。你也可以办个“骑士日”，当天只能用手吃饭，而且说话的方式还要像骑士一样。

除了这一天之外，其他日子用餐时就必须遵守餐桌礼仪。“脏脏日”或“骑士日”迟早都会变成多余的，因为大家都知道，被允许的行为很快就会失去吸引力。

开饭词

“当全家人一起用餐或者当天有访客时，我们会在用餐前说一句开饭词，在说的同时，还会紧握双手。”

孩子通常都会在幼儿园里学到这类仪式，也许他也想在家里说说开饭词，最好是些有趣的开饭词。

你可以创造专属你们的“家庭开饭词”。也许孩子会从幼儿园带回开饭词的习惯，那么在家也可以照样实行，先暂停一下再开始用餐，这么做将会很棒。

用餐时能有一段开场白，肯定是一种很棒的仪式。

下面是开饭词的例子。

开饭词

“来来来，我们相亲相爱；来来来，祝大家用餐愉快。”

“来来来，小老鼠，从你的小屋里出来；来来来，用餐愉快。”

“来来来，把我的盘子装满满，滚滚滚，我的肚子圆滚滚，咕噜咕噜像头熊；来来来，用餐愉快。”

“好多小鱼游到餐桌旁，伸出鳍不再蹦蹦跳，它们要吃饭了，用餐愉快！”

下面还有一段很特别的开饭词：

“我有一位女性友人，她家的厨房非常小，等全家人在餐桌坐定后，门就打不开了。当餐点准备好，所有人来到厨房坐下后，为了表示马上就要开始用餐，不能再有人起身，会有个人喊‘停止动作！不准动！现在开始所有人都必须留在座位上’。”

健康的饮食

妈妈通常都是家中负责准备餐点的人。

如果孩子一开始没有习惯吃营养均衡且健康的食物，就会容易索要泡面、薯条等食物，甚至还要搭配西红柿酱和香肠，而不愿吃蔬菜或沙拉。

当然不能这样！孩子不管在任何阶段都需要均衡的饮食。

帮助孩子爱上健康食物的仪式和技巧

· 孩子最喜欢做和你一样的事，因此请让他也参与做饭。

· 和孩子一起想想要煮什么，你可以提出建议，最好有两种不同的东西，他可以从中挑选，这样会比较容易做决定。或者你也可以提议煮某种蔬菜，最好是当季的蔬菜，然后问问孩子想要怎么切或烹调。

· 如果你不止一个孩子，可以让他们轮流许愿。

· 孩子年龄较大的话，可以在周末一起烹调食物。

· 很多孩子喜欢将煮熟的蔬菜切成有趣的形状，如动物或房子等，再装饰在盘子上，年龄小的孩子会更加热衷于此。接着再淋上一些美味的酱汁（如香草奶酱），没有人会对这样的食物有异议的。

按照孩子的年龄，和他一起去参加合适的烹饪课。孩子将会发现，自己做或在大人的协助之下做出好吃的饭菜，是非常有趣的事情。通常在各地的家庭培训机构都会有这类课程。

早　餐

早餐是一天的活力来源，孩子必须在早上吃点东西。再次提醒，你永远都要当孩子的榜样。

在此我们提供几种很棒的早餐仪式，请看看你喜欢哪种，也可以按照家庭所需来调整仪式的内容。

早餐仪式范例

“早餐在我们家是最重要的一餐，因为早餐可以让人获得充足的活力，让一天有个美好的开始，所以我们都会预留充裕的时间共进早餐。餐桌上有全麦面包、麦片、酸奶和切好的新鲜水果，每个人都可以随心所欲地享用。”

“周日的早餐桌上，我们会看报纸。女儿会帮我们分配报纸，以此来决定谁先看哪部分。”

“我们家会悠闲地吃早餐，在孩子仍静静用餐的时候，我便开始涂抹他们要带去学校的面包。每个人都可以自己决定面包里要放什么，以及要带什么到学校。”

“我女儿有一阵子用餐状态不太好，早上带去的面包总是带回来。于是我把面包切成漂亮的形状，如车子或帆船，或者用造型模具切成饼干状。这么做并不麻烦，但孩子却吃得非常开心。我相信孩子们看到这样的面包一定都会睁大眼睛。正如我希望的，面包再也没有被带回家了。

午　餐

午餐时每个人都有固定的任务，孩子们要负责把饮料放上餐桌，用完餐后再把餐桌收拾干净。

如果你的孩子会在幼儿园或学校吃午餐，那么你可以安插一个“点心时间”，可以和孩子一起喝点果汁、吃点水果。

在午餐桌上或吃点心时，可以和孩子聊聊天，或者讨论今天的计划。

点心时间

> “在冬天，我们都习惯来个下午茶。当你从外面回来觉得很冷时，下午茶时间会让人感到温暖。我们会用热饮、饼干或蛋糕来让自己暖和起来。或者在功课做完后安排个小小的下午茶时间，还能拿出喜欢的纸牌或桌游一起玩。”

请你也试试来个小小的下午茶吧，你可以借此好好放松一下，谈谈今天到目前为止发生的事，或者为孩子做家庭作业的时间设下一个固定的结束时间点，并借此为作业打个分数。如果你的孩子年龄较大，他或许也可以和朋友一起度过这段休息时间。

晚　餐

即便每个人吃的东西都不一样，也请尽可能一起吃晚餐。因为一起用餐的时间是每日互相交流生活的重要时刻。或许中午时爸爸还在上班，但是晚餐时间，大家可以一起吃饭，并且互相聊聊一整天发生的事。

> “全家人的餐点是由身为母亲的我来决定的，但晚餐除外。晚餐时，大家可以自己决定吃什么，可能有人想吃奶油面包加上荷包蛋，但另一个人则是午餐的剩饭剩菜，又或者有人只要吃点沙拉就够了。”

也许有些仪式能和晚餐联结在一起。

> “吃过晚餐后，我们会一起玩游戏，每天轮流由不同的人决定要玩什么。”

特别餐与节庆餐

星期天的早午餐[①]也算得上特别餐。和孩子一起做一顿美味的早午餐，把餐桌装饰得特别漂亮，去面包店买回新鲜面包或一起烤面包，也可以从橱柜里拿出平日不会用的特别抹酱，或者有人一定要吃的水煮蛋、荷包蛋或炒蛋。请好好享受你的周日早午餐吧。

①一种休息日起晚后，将早餐与午餐合并为一餐的饮食方式。

你也可以在平日里选一天当成“特别日”，例如“甜蜜星期五”。

“甜蜜星期五这个仪式起源于我父亲家。奶奶会在平日选一天以甜的餐食作为全家人的主食，父亲和两个姑姑都很期待。这个特别餐是在平日举行的，是我父亲家中一个固定的活动。父亲将这个仪式带入他的婚姻，我母亲当时学会做许多新的甜餐食，并教给了我和哥哥。在我家里，吃甜餐食的那天固定在星期五，因此每个星期五我和哥哥放学后都会飞奔回家，一起等爸爸回来，接着上场的就是我们引颈期盼了一整个星期的甜餐食了。煎饼、可丽饼、果馅糕、樱桃布丁面包、皇家煎饼、牛奶米布丁……还有很多其他的美食。在我的印象中，星期五餐桌上的气氛总是很美好，全家人都很期待周末来临，大家边津津有味地吃着晚餐，边聊聊周末的计划。我觉得这个仪式很宝贵，所以保留至今。这个仪式不只让我的心灵受到抚慰，现在就连我女朋友也非常享受。我希望这甜蜜诱惑够大，让我能将此仪式继续传给后代。”

其他并非每周都会发生的特别状况，当然也就需要相应的特殊仪式。

“特别的时刻当然就要吃些特别的食物。我从小就会在平安夜吃烤拉可雷特奶酪①，圣诞节的第一天和第二天会吃鹅肉：复活节星期一时，我们会吃一顿丰盛的早午餐；学期末的最后一天则去比萨店；生日时会煮寿星最喜欢吃的东西。”

这类仪式的优点在于，家庭里的每个成员都知道这项传统，而且也清楚了解将会做些什么活动。

①按个人喜好选择食材，再淋上烤奶酪的餐点，很适合多人聚餐时享用。

即便没有很多时间或金钱，仍旧可以在每个特别时刻来一顿小小的特别餐。请记住以下小规则：通常只需要三个简单的元素，就能让平日变得有些许不同——一起吃顿饭、一点光线（例如在桌上点根蜡烛）以及一束花（当然也可以铺张桌巾或加上其他你喜欢的东西，如自制的座位卡等）。

孩子没食欲时该怎么办

我们每个人都知道，没胃口的感觉常常是因为疾病或压力引起的。对成人来说，偶尔少吃点并不算什么，因为当我们察觉自己必须吃点东西时，我们会自己想办法。但是，如果孩子有段时间几乎什么都拒绝吃的话，父母必定很担忧。因为若孩子进食不足，身体容易出现问题。要让一个没胃口的孩子愿意好好吃东西，该怎么做呢？

首先，必须找出孩子没胃口的原因。他是因为生病而吃不下，还是在这个问题背后，隐藏着某些需要被认真看待的生理或心理问题。如果你无法确定，或者吃不下东西的状况已持续有一段时间，请务必就医。

你还记得你的父母在这种情况下会怎么做吗？

> “我记得当我生病没胃口时，我的父母会用尽各种办法让我多少能吃下一点东西。当我生病时，能吃得下的食物，只有罐头水果或加了香肠的马铃薯汤。”

即便是在孩子什么也不想吃的时候，也请多尝试看看他可能会吃得下什么。例如，我女儿就很喜欢在原味酸奶里加些果酱。当其他东西她都不想吃的时候，这是她唯一能吃下的食物。

究竟该怎么做才能让你的孩子即便胃口不佳但仍愿意进食呢？这需要你亲自去尝试。同时，孩子也必须摄取充足的水分，这么一来即使孩子偶尔一两天像麻雀一样只吃一点点，也不用太担心。

没胃口的好帮手

有位妈妈跟我们分享，当她的孩子没胃口时，她会和孩子一起准备各式各样的“彩色食物”，比如彩色煎饼、彩色饼干、彩色酸奶以及彩色气泡水。她会选择孩子喜欢的颜色，在煎饼面糊、饼干面糊和柠檬气泡水里加入食用色素。

另一位妈妈则说，她会在孩子的餐盘上用吐司和各种蔬菜排出有趣的图案，至少孩子会愿意吃下动物图案的鼻子或小汽车的轮胎。

甜　食

“奶奶有个旧饼干罐，就放在柜子的上方，里面装着甜食。她每天会从角落里拿出个小凳子，爬上凳子把饼干罐拿下来，接着我就可以从罐子里拿到一块甜食，有的时候可以拿两块。奶奶自己则会拿一块黑巧克力出来，与我们一起坐在沙发上享用甜食。这时奶奶会开始讲故事，讲那个还没有那么多甜食的年代。”

在今天这个丰衣足食的时代，家长们并不是那么容易就能将惜福爱物的观点传达给孩子，不过或许能用甜食来让孩子感受这一点。如果在家里，甜食不是常常能获得且只有在特别的时刻才能享用时，就会显得珍贵，而且还不会马上被吃掉。在超市买袋小熊软糖，和孩子一起散步到某间老杂货店，让他挑选软糖或甘草糖，这一切都会变成一段特别的体验。

给甜食的原则

· 饭前绝不给甜食或饮料。

· 绝不在肚子饿时给甜食。

· 绝不在口渴时给饮料。

· 甜食不放在看得见以及小孩拿得到的地方。

· 不以甜食当成固定的奖赏，否则会养成习惯。

· 甜食最好在饭后给，若可以的话，最好在正餐与水果之后才能获得，因为此时他真正的饥饿感已经被满足了。孩子可以在午餐过后像家里其他人一样，从甜食篮拿个东西来吃（只能拿一些，而非全部）。如此一来，每个人都享有相同的权利。

· 请让孩子自己决定要吃些什么以及怎么吃。也许在某一天他会不想吃，想留到下一次吃，以便可以吃多一点。

· 如果只在星期天早餐时吃巧克力奶霜，你觉得如何呢？

· 甜食不应该被当成安慰物。

· 甜食应该是特别之物，而且一直都是。

· 请拜托你的亲朋好友，无论对方是亲戚、朋友或熟人，都不要携带甜食来访。如果他们还是带了，那么这些甜食应该放到甜食罐里，等到隔天吃过午饭后才能吃。

· 逛街时能吃一个冰淇淋，而且每次都要换新的口味。

· 长时间坐车，如要去度假时，可以带一小袋零食，这能让漫长的车程甜蜜一点。

· 你可以每个月在家举办一次“午后电影院”，把房间弄得暗暗的，还有爆米花或薯片、汽水，就像真的在电影院里一样。

请和孩子一起找一些较健康、少糖、可取代甜食的食物，比如米饼、小麦饼干棒、全谷物饼干、面包片、水果、果干、自制酸奶、矿泉水、无糖果汁或水果茶等。

“我记得以前去奶奶家时都有睡前零嘴可吃。晚上回房时，我们会在枕头上发现一小块巧克力。要离开时，还能得到一大块。为此，奶奶在她房间的柜子里藏了一大堆巧克力，我们可以去那里找自己喜欢的口味。”

“在外公家的厨房里有一个装着各种零食的罐子，我们可以随心所欲地享用。不过，只有特别的日子里才有这些特殊待遇，平常父母非常注意，不让我们吃太多甜食。只有在特定的节日，比如复活节、圣诞节、生日等，可以多吃一点甜食，除此之外，我们是很少吃甜食的。”

Chapter

4

玩水时间到了

让孩子爱上洗澡并不需要什么魔法，只要利用一些规则和仪式，就能够让洗澡变得有趣。如果仔细想想自己清洁身体的方式，你会发现每个人都有专属的小仪式。和其他仪式一样，你可以在孩子还很小的时候就将泡澡、淋浴、洗手或刷牙等行为与相应的音乐或时间联结在一起，使之在孩子心中成为一种根深蒂固的仪式。

洗　手

就洗手这件事而言，小孩常会因为健忘、不专心或懒惰而敷衍带过。孩子必须从一开始就知道，每天早上、睡前、吃东西前、上完厕所后、游戏后、从幼儿园或学校回来后、购物后，以及在他人的帮助之下煮东西前，双手都必须用肥皂洗过，而且洗手时间至少要持续三十秒。

孩子也必须了解，为何这些时刻要洗手。你可以简单地解释给他听，告诉他手摸过很多东西，这些东西并不干净。如果用脏兮兮的手再去拿饼干或玩具，有可能让他生病。

为了让孩子及早看到并感受到就连爸爸妈妈也会洗手，可以通过“手沙拉”来让洗手变得有趣。在用餐前由一位家长大喊“手沙拉”，接着所有人就必须赶快到洗手间去，然后一起把手放到水中冲洗，再互相帮对方抹肥皂。你将发现这个方法很有效。如果这个仪式能在孩子圈中流传开，那将会取得很棒的效果！

下面是两首洗手时你可以运用的歌谣。

洗手谣

洗手

每个小孩都要洗手，洗手。
手一下就洗好了，洗手。
洗到手干干净净为止，洗手。

土，油，脏

土啊，油啊，脏，我们现在洗掉它。
土啊，油啊，脏，我们现在洗掉它。
现在所有脏脏都洗掉了啊！

下面的方法，虽然只是一个小小的技巧，但却可以创造奇迹！

专属擦手巾

在洗手台附近依照孩子身高安装一个挂钩，给孩子一条专属他的小毛巾，你将会惊讶地发现，孩子会心甘情愿地在该洗手时带着他的小毛巾去找你。

这是运用小东西支持仪式的例子，我们可以运用简单的物品或类似游戏的方式，让事情变得容易执行。

洗脸沐浴

每天早晚洗两次脸，最好用温水和毛巾擦洗。如果孩子脸很脏，当然也可以用些洗脸皂。有些人会把帮孩子洗脸称为小猫洗脸。为了让这个已经变成仪式的梳洗更加有趣，可以用动物图案的毛巾来帮孩子洗。那么，小猫洗脸就不能这样叫了，要改成与毛巾图案相应的动物洗脸！

洗澡时间不需要太长。将洗澡仪式与音乐结合也是不错的方式。有些家庭会在星期六的晚上，在孩子洗过澡后上床睡觉前，让孩子穿着浴袍坐在电视机前面看个小节目放松一下。

如果家中有浴缸，当孩子泡澡时，可以帮孩子用泡泡做个有趣的发型，这也是个很棒的洗澡仪式。接着立刻把泡沫洗掉，虽然泡泡可能流进眼睛让孩子不舒服，但也会让孩子觉得非常有趣！

“我们的仪式是，洗头可以获得一张足球贴纸当奖励。”

一条预先烘得暖暖的浴巾，也会是孩子沐浴后很棒的结束仪式。也许你有一条很漂亮的连帽浴巾，可以用它把孩子好好地包裹起来，然后擦干，或配上有趣的音效（例如发出“擦”的音），孩子通常都会对这些感到非常兴奋。如果你还会用吹风机帮他们吹头发，值得注意的是，他们不只喜欢吹头发，还喜欢你不时吹一下他们的肚子或脸。

抹乳液

“点，一点，逗号，加个大圆圈，大圆脸画好啰！”

你还记得某些画图的口诀吗？帮孩子抹乳液时加入这个口诀，会是一个很棒的仪式。你也可以边涂乳液边帮孩子按摩放松，或者只把乳液以点状涂在孩子身上，让他自己去抹开。天气不冷时，甚至可以在孩子身上画一整幅图画。你可以用相机记录这一切，让你和孩子从中获得许多乐趣和美好的回忆。

刷　牙

每天至少两次，早上吃完早餐后和晚上睡觉前。每天如果可以刷三次牙或者每次用餐完都能刷牙的话，是再好不过的了。

让孩子观察你刷牙的样子，这样的学习成效和重复效果是最好的，他很快就会想模仿你。但让孩子自己刷完牙后，还是要再帮他彻底刷一次，这样才能真正将牙齿刷干净。请一边刷牙一边唱刷牙歌或玩刷牙游戏吧！

或者你也可以自编一个关于毛巾小姐和牙刷先生或者别的让孩子们觉得有趣的故事。

“我女儿自己刷牙时，我会和她玩‘卡里乌斯和巴克土斯’[①]的游戏，我会边笑边假装自己是这两个角色。我会说自己躲在右侧臼齿后面，因为女儿总是会忘了刷那里。这个游戏总能让她更想刷牙且刷得更干净。如果牙齿刷得够干净了，卡里乌斯和巴克土斯就会随着牙膏泡泡一起被吐出来。”

清洁身体这件事不需做过头，就像老一辈人说的，清洁过度也是会生病的。

①挪威童书《卡里乌斯和巴克土斯》（*Karius and Bactus*）中的主角。他们住在一个小男孩嘴里，只要小男孩没好好刷牙，他们就会出来捣蛋。

Chapter

5

儿童房的秩序

每个孩子都梦想着能有一个属于自己的房间、王国或藏身的地方，可以让他不受干扰地在那里玩乐。这样的地方正好可以提供机会给孩子去发展仪式和规矩，是很有帮助也很有教育意义的。

孩子可以自己规定敲门的方式、如何收拾整理、音乐放多大声，甚至是房间的颜色。这个王国的国王可以在里面发展他自己的仪式，而且也应该被允许这么做，请和你的孩子谈一谈这些事吧！

孩子的房间

你从过往的经验可以得知，每个孩子都需要一个属于自己的空间。在那里他有空间可以玩，可以收纳他的玩具，可以写功课和睡觉。即使空间很小，但它在孩子心里就是自己的王国。

不过，孩子的房间往往很快就会变得一团乱，有些父母甚至形容那是战场或垃圾堆。所以，请和孩子一起制订一套例行程序，让秩序可以建立。

重要的是，让孩子自愿去收纳、分类他的玩具、游戏、书籍、玩偶、积木、车子等物品。

设　备

既然所有属于孩子的东西，全都在这个房间里了，当然不能少了适合坐在上面玩的地毯，以及可以收纳玩具的收纳架。音乐钟、小夜灯、玩偶和书能够放在架上，你还可以在其中一个架子上放置收纳小东西的盒子。但只有层架是不够的，还要有许多抽屉、箱子和袋子，让所有东西都有自己的位置。

请注意，相较于成人的收纳盒，孩子的收纳盒应该比预计装入的物品大上两倍。换句话说，当盒子装到半满时，就表示它已经满了，这样才会方便孩子找东西。

收纳盒

每个盒子分类收纳一种玩具，收纳盒可以是塑料或木制的。请在盒子上面贴上收纳物的图片，好让盒子里装的东西一目了然。最好和孩子一起制作这些图片，这么一来，孩子不但可以在你的帮助下完成图片，还能带入自己的点子和愿望。这将会很有趣，孩子很快就会投入其中，当他在收拾整理时也会获得更多乐趣。

对儿童房有帮助的元素

舒适的阅读角落

请将书架放置在床边或舒服的沙发附近，这样孩子就会自然地让“阅读”和“舒适”产生联结。请像书店一样，将书籍的正面展示出来，让孩子能一目了然，以促使他想去翻看。这里也是放置架子和安抚玩偶的最佳场所。

音乐角落

录音机、音响以及相关的录音带、音乐光盘等，同样适合放在一起。如果孩子正在学某种乐器，最好在家中专门为他安排一个练习的地方，因为不在一堆玩具当中练习可以让他更专心。

娃娃全都睡在床上

三岁左右的孩子就已经很喜欢分类了，请利用这点并向孩子提出建议，如“娃娃全都睡在婴儿床上”“车子停在窗台上”等。如果孩子能自己决定物品摆放的位置，往后他会更容易遵守这些规则。

房间的常规与游戏规则

永远都要记得一则在幼儿园里理所当然的规定：一次只能玩一种玩具。如此一来，孩子自然而然就拥有更多时间去玩他真正在玩的玩具，而不是花时间去整理那些丢得到处都是的玩具。

使用幼儿园里那些必须遵守的规定

· 夹克和鞋子要放在外面，书包要拿进房间。

· 每个人离开浴室和厕所时都要恢复原状。

· 脏衣物每天都要丢进洗衣篮里。

整理收拾

在整理收拾这件事情上，请不要期待孩子会带来奇迹，也永远不要把整理当成处罚。

没有孩子能够独自收拾整理干净，因此请伸出援手。但别帮他把所有的事情做完，即便他不满意地发牢骚或拖拖拉拉地收拾亦然。

这样协助孩子收拾

帮孩子准备一个适合他身高的扫把或簸箕，让他在你整理家务时一起帮忙，他一定会很乐意。这么做不但能让他在开心又有趣的情况下学会打扫，日后他自己也会乐于打扫。

对于来家里作客的孩子，让他们也一同加入整理的行列。活动一开始就要先预告，最后所有人都要一起收拾，结束前十五分钟再提醒一次。

收拾整理小口诀

三、二、一，停止游戏

“三、二、一，停止游戏，大小朋友一起来整理，十五分钟收整齐！”

“三、二、一，停止游戏，大小朋友一起来整理，十分钟内收整齐！”

“三、二、一，停止游戏，大小朋友一起来整理，五分钟内收整齐！”

“三、二、一，停止游戏，大小朋友一起来整理，现在立刻收整齐！”

对孩子来说，在幼儿园里有效的口诀，在家中同样会有效。但这也需要在父母协助下进行规律练习，直到顺利成功为止。

或许你可以和孩子一起创作一首《收拾之歌》，然后每次收拾整理时就一起唱这首歌，当然也可以运用我们提供给你的一些小点子。

“我们家在晚饭前孩子得收拾玩具。我会提前十分钟宣布，然后设定好煮蛋用的定时器，定时器一响，所有人就要一起收拾整理。然后再将定时器设定十分钟，规定整理的时间不能超过它，同时我也会留意这段时间内孩子们的整理情形。”

“晚上我们会举办整理比赛。我女儿必须整理她的房间，而我则把碗盘放入或拿出洗碗机，以及做完其他家务活，赢的人可以选晚上要讲的睡前故事。”

把收拾整理当成一场庆典，也会是个很棒的仪式。你知道《大家来找茬》这个有趣的游戏吗？

大家来找茬

和孩子一起收拾整理时故意制造一些错误，比如把玩具车放在积木箱子里，看看孩子会有什么反应。通常孩子会告诉你该放在什么地方，而这会让孩子和父母一起获得许多乐趣，同时也是一种有趣的整理仪式。

或者你是否曾举办过展览呢？

展览

如果孩子动手做出了某个很棒的作品，每天晚上却必须将它们拆掉并收拾整理起来，那就太可惜了。请帮这些作品，如“芭比卫生纸卷筒城堡”或“乐高幽浮的进击”弄个展示空间，摆放在某个空层架或衣柜上方等。

每项物品都有专属位置，不然就做个储藏空间

只有在每项物品都放在应该放置的位置时，收拾整理工作才能算真正做好。因此，请你定期和孩子一起整理他的房间。

整理孩子房间时，什么应该留在房间？什么应该暂时放到地下室去？什么应该送人或卖掉？什么该丢掉？任何事都应该和孩子一起决定。

请立刻丢掉坏掉的绘本、撕毁的杂志、干掉的彩色笔和断掉的铅笔，让孩子的“囤积病”没机会发作。

请在整理和除旧时和孩子一同实践“极简法则”（这意味着房间里的东西要尽可能地简单）。如果购入了某样新物品，就必须丢弃某样旧物。每当“宝宝玩具”在收拾清理时被清出儿童房，取而代之的是“给大孩子”的东西时，孩子通常都会感到很骄傲。和孩子一起在儿童房里找个放置新物品的好地方，如此一来他们便能学会自己负责维持秩序，而你就能一劳永逸地控制住儿童房的混乱了。

实用的废物箱

告诉孩子废物箱在整理东西时的意义。已经没有玩乐价值的玩具，如零食赠送的小玩具、早餐麦片的盒子等，就应该放入废物箱。等你三个月后把箱子拿给孩子看时，他将会兴奋地玩起某些已被遗忘的东西，然后再将其他东西放进去。

独自睡觉

即便是已经能自己睡觉的孩子，某些时候还是会特别需要父母陪在身边。为什么会这样呢？请试着找出原因，这样才能提供正确的方法帮孩子克服。孩子会这样的原因可能有：害怕待在黑暗中、常做噩梦、父母离异、亲人或宠物去世、即将搬家或刚搬完家，或者有其他对孩子而言在情绪上很难面对的状况等。在以上这些情况下，孩子在睡觉的时候会特别需要父母陪伴。此状况多半会持续一段时间，可能很短也可能拉长，请小心谨慎地帮助孩子不再恐惧和担忧。

容许例外

请准许孩子在例外的状况下和你们一起睡。但此例外状况事先必须说好，例如生病。尤其当孩子发高热的时候，会需要从父母身上获取安全感或安慰。当他沉沉睡去后，建议你将孩子抱回他的床上，并将其建立成一种仪式。因为这种特殊情况可能会重复出现，而你的反应必须是一致的。

如果你的孩子没有明显原因，只是单纯不愿在自己房间里睡，那么你就不应容许例外。坚持从某个特定的时间点开始，就是你夜间的私人时间，这并不会造成任何伤害。

不管你在何种情况下有何反应，那都应该是一再重复的仪式，而且你的孩子知道也学会了这种仪式。他必须理解你不会妥协，而且哭闹纠缠是达不到目的的。

重要的是，你的孩子知道并学到了，即便他自己待在房里，你也会永远为了他而出现。不论发生什么事，不管他是哭了、大吼大叫或做了噩梦等，你都会在他的床边安慰他，帮他快速地平静下来，但你并不会带他到你的床上。

但是，你的反应取决于你的感觉，如果你的孩子还很小、病得很重或正处于例外状况时，你应该以例外来处理。同时，告诉孩子这是例外的状况，而且不能成为常态。

刚开始时孩子可能会在半夜跑去找你，请坚定立场每次都带他回到他的床上。接着你得待在他身旁，直到他冷静下来并睡着为止。请坚持下去，即便这个学习过程会让你睡不安稳甚至失眠，但重要的是让孩子看到并感觉你永远都在他身边。

如何让孩子喜欢睡在自己房里

如何让孩子爱上自己的房间，特别是自己的床，并且能很快习惯自己睡觉，是有一些小技巧的。其中最重要的一点是，在儿童床四周营造出舒适的气氛。

· 借着色彩缤纷的墙面、装饰、图画和家具来营造舒适的氛围。

· 帮孩子准备一张全新的“大床”，因为这也代表着一种大变化。孩子过去的床，可能只是一张小小的、被围住的，甚至还有着安全栏杆的床。为了让孩子适应新的床，一开始时可以在床上设置某种边界，例如可以用孩子喜欢的毯子围出个范围，或者在床上方挂一顶床幔，仿造出一个洞穴，或者在床上方加装一片星空。

· 请准许孩子带安抚玩偶一起上床，它会弱化你不在床上或房间里的这件事。

· 为儿童房准备各种光源。

· 白天孩子需要许多光线，但晚上上床睡觉时，灯光必须能够调暗，好让孩子安睡。

· 晚上儿童房里不应该全黑，当孩子晚上醒过来时，要能够稍微看得到，所以请准备个小夜灯吧！

· 让你的房门和孩子的房门保持半开，这样你才能随时听到孩子的喊叫或哭声。

敲　门

生活中会遇到许多进门前需先敲门的情况，我们成人对这点非常清楚，但我们是从何得知的呢？也许是过去父母教我们的，而我们将之深深地内化了。

敲门是一种礼貌，你一定会希望孩子有礼貌并学会遵守这个规矩。这也是可以提早训练的，只有当孩子在家中学会敲门，日后他才会在他处实际去运用。

等孩子稍大一点，请和他一起想想，家中哪些地方需要敲门。我家的方式是，所有门被锁上的地方都必须敲门，如果我女儿的房门锁了起来，那么就像她不能直接进入家中其他上锁的房间一样，我也不能直接进入她房间。

叩叩，请进！

在适当的时候以游戏的方式教孩子敲门。对年龄小的孩子来说，在游戏中学习新知识并且反复使用是非常有趣的。两人各站在一扇门的两边，当门关起来的时候，其中一人敲敲门，然后等待，直到另外一人说出“请进”或其他话为止。如果门本来就是开着的，那么就可以不敲门直接进入！

站在门另一边的你不要直接说“请进”，而是说“请等一下”或什么也不说，那么孩子就能学到，在某些情况下必须等待。

和兄弟姐妹共享房间

当孩子们需共享同一个房间时，可能会出现一些问题。现实情况中，不是每个孩子都能拥有专属于自己的房间，或者有些父母根本就没有这样的打算，因为他们认为兄弟姐妹共享房间有很多正面的影响。

当孩子还小的时候，和兄弟姐妹共享一个房间，通常不会有什么问题。但是随着年龄增长，他们开始有了自己的兴趣，会希望能和兄弟姐妹隔开来。除此之外，“我的”和“你的”以及私人领域等问题会变得越来越重要。

就这件事来看，公平对待尤其重要。在仪式上请永远记得公平地去对待孩子。例如，在说睡前故事时，轮流到孩子的床上说，或者刻意离开儿童房到客厅里说。

其他有关兄弟姐妹的仪式，请参考章节“手足之间”。

当孩子共享房间时

· 请将房间清楚地划分出多个区域，可以利用半开放式层架或屏风来隔出小间，或是挂一块帘子、在地上贴一条线来区隔。如此一来，孩子就能清楚知道哪里是属于自己的区块。你也可以发挥创造力，将房间里孩子专属的区块漆上他喜欢的颜色。

· 清楚订立朋友来访的规则。孩子们可以轮流邀请朋友来家里，也可以不受打扰地在房间和朋友一起玩。你也可以牺牲客厅的一个小角落作为游戏区，那么就不会有任何一个孩子感到不公平了。或者让没邀请朋友来玩的另一个孩子去自己的朋友家玩。

·请精心设计收纳空间。个性不同的孩子得在同一个空间里相处的话，那么将他们的东西清楚分开就很重要。例如，你可以给其中一个孩子绿色的收纳盒，另一个则给红色的收纳盒。

Chapter

/

6

一步步探索世界

随着孩子的成长，你将发现通过固定的规矩与仪式，生活将会变得轻松许多。不过此时，你也必须反复检视仪式是否依然适当。

你不会想让一个十二岁的孩子在晚上七点就上床睡觉吧？我承认这个例子有点夸张，不过却是一个能让你迅速明白，仪式也是必须被检验与调整的例子。有些仪式可以随着成长而“沉睡”，有些则可能会伴随孩子一生。

各个成长阶段

孩子成长得很快，当父母的无法全盘了解，他们经历各种大大小小的发展阶段，是很正常的。

为了抓住这些成长变化，你要去创造不同的仪式，一方面对身为父母的你来说，这会是种美好的回忆，另一方面对你的孩子而言，长大后回头去看，会觉得很有趣。例如，什么时候会走路，几岁的时候长多高，或曾经用过哪些有趣的词汇（如球球）去形容特定的物或人。

帮孩子的成长做记录

孩子出生后立刻帮他制作足印和手印。在孩子的手脚涂上安全的颜料，接着再盖印在纸上。你可以在孩子满周岁前每个月都做一次，之后每年生日做一次。或者用石膏来做手足印也是不错的选择。

在孩子出生时买一本成长记录手册，将孩子不同的发展时期记录在里面。孩子什么时候开始可以抬头，什么时候会坐、会站，什么时候开始说话、说了什么，什么时候开始长牙齿……在出生的第一年有太多的第一次，请尽可能全部记录下来。将来当你的孩子为人父母后，他可能会问到这些。这种记录手册有各式各样的形式与规格，如果你有兴趣的话，也可以制作一本专属于你孩子的记录手册。

为了把孩子的身高发展记录下来，你可以每年在固定的时间让孩子躺在一张大纸上，把孩子的轮廓描绘下来。如果他喜欢的话，还可以让他着色。你可以从中看到孩子每年长大了多少。

你也可以在门框或柜子内侧记录下孩子的身高。每隔一段固定的时间，让孩子站到墙壁前测量。重要的是你得加上日期，这么一来才能确认孩子在这个阶段长高了多少。

当然，你也可以用照片或视频来留下记录。例如，孩子第一次骑车、第一次踢球赛、第一次骑马、和最要好的朋友合影、爬树、第一天上学，以及幼儿园的戏剧表演，等等。

面对分离恐惧的处理方式

孩子出生后的第一个月几乎都只在你身边。你是一直都在的人，这对孩子来说，代表着安全感。因此当你在孩子身边的时候，他能够完全放松地将心力花在自己的需求和成长上。

然而，总有一天孩子必须在你不在时接纳其他人。其实这不是什么坏事，因为你一定不会把孩子托付给你完全不熟悉的人，反之会是一个你了解或跟孩子有相处经验、相关资历的人。

有的孩子对偶尔被其他人照顾不会太在意，但也有些孩子会出现极端相反的情况，他们除了父母以外谁都不接受，一旦父母企图离开，就会有一场可怕的哭闹上演。孩子会哭闹、尖叫，并且紧抓着父母不放。

这种状况并不好，当你面对这种情境却不得不离开时，身为父母的你一定很不好受。

在这种情况下该怎么做呢？仪式可以把事情变得简单很多。

训练孩子道别，并且让孩子尽早习惯偶尔由他人照顾。

当你要让孩子单独和他人相处时，请针对此情况想一个专属你们的道别仪式。

每个孩子适合的方式不同，去尝试找一个对孩子来说最好的方法。你找到方法后，就要维持下去。

道别仪式范例

拿一个安抚玩偶，让孩子坐在身旁，然后跟玩偶说，在你离开的这段时间，它必须好好照顾孩子，如果孩子伤心难过，它必须安慰他。

在孩子心爱的玩偶上喷一点你的香水，当他伤心时可以闻一闻你的味道。

事先和孩子一起想一想，保姆应该先和他玩什么，这会让事情变得简单很多。

道别时塞一个漂亮的石头之类的东西到孩子手中，请孩子好好照顾它并且不能弄丢，直到你回来为止。

笑容是最好的治愈剂！在道别前玩一场挠痒痒比赛吧！

如果你是请人来家里照顾孩子，那么你可以提前让对方到家里来，让孩子熟悉对方。这段时间你可以去做准备，离开前再好好和孩子道别一次。

不过请注意，万一孩子哭闹着不想让你走，你最好还是离开。除非必要的情况，否则尽量不要拉长道别的时间，因为那样对双方来说只会让情况更难处理。请相信大部分的孩子哭几分钟后，就会再度冷静下来！

当父母不在家时

如果你的孩子够大了，有可能当他放学回来时你还没到家，你可能仍在工作或者正在路上。为了让你和孩子能安心，你也可以在这种情况下使用仪式。

让孩子到家后给你打个电话，或者发条短信。如果你在工作没办法使用手机，就让他联系一下奶奶、阿姨或某个熟悉的成年人。

你也可以在餐桌上留一张字条，写一些亲切的话，有时也可以放颗糖果在上面。

和孩子约定好，如果他还要出门，无论如何都要留张字条给你，说明他的去处以及何时回家。

“因为我的父母都要工作，所以我们发展出了一套很棒的‘字条文化’，如此一来我们都能知道对方去了哪里。”

从纸尿裤到小马桶

孩子总有一天都需要戒掉纸尿裤。相较于过去，现在的孩子需要较长的时间才能完全离开纸尿裤，这可能和如今的纸尿裤的吸收效果较好有关，即便潮湿的纸尿裤也不会让孩子觉得那么不舒服。虽然停用纸尿裤这件事顺其自然就好，但还是能借由仪式来给予孩子协助。

孩子上厕所时要有耐心。你也可以编个口诀，如“在家上厕所，便便出来了”，或和孩子一起编几首有趣的儿歌。发挥创意，你一定也可以想到某些方式，让你的孩子（也包括你自己）轻松度过蹲马桶的时间。

戒纸尿裤的仪式

· 带孩子一起上厕所。或许某天，孩子会对你在马桶上做什么很感兴趣。在浴缸里帮他放一个小马桶，当你上厕所的时候，让他坐在一旁的小马桶上。刚开始孩子的纸尿裤可能还穿在身上，几次后你可以试着将纸尿裤脱掉。此时可让孩子穿上裤型纸尿裤，不需要粘贴，有弹性防漏侧边，可以往上或往下拉。

· 让孩子在固定的时间（如早上、晚上、餐后）都上一次厕所，看看是否能成功尿出来。即使没有也请持续做这个仪式，总有一天会成功的。

好天气时让孩子光着屁股在花园里玩，放个小马桶在随手可及之处。当你发觉孩子想尿尿了，立刻把他放到小马桶上，总有一天他会自动在想上厕所时坐到上面。

有关“纸尿裤”的童书

芭柏·施巴特夫（Bärbel Spathelf）和苏珊娜·史泽施尼（Susanne Szesny）的《小魔法师布布去》（*Der kleine Zauberer Windelfutsch*）是一本很棒的书，孩子们很喜欢。当你的孩子会自己去上厕所后，你可以像书里描述的一样，做一个“布布去奖牌”给他。

针对害怕上厕所这个问题，可以读读尤塔·鲍尔（Jutta Bauer）和克里斯廷·包伊（Kirsten Boie）的书《尤莉与怪兽》（*Juli und des Monstet*）。

和奶嘴说再见

“我的父母不希望我整天咬着奶嘴，因此每天早上我的奶嘴都会被放在餐厅的窗台上，然后父母会告诉我，月亮会把它拿走。当然拿走它的是我的父母，而不是月亮。到了晚上准备上床前，我会穿着睡衣站在窗户前面大声说：‘月亮，把我的嘴嘴给我！’爸爸和妈妈就会从我身后丢出奶嘴。有好几年我真的相信月亮会在白天时保管我的奶嘴，这对我来说真的是个很棒的回忆，同时也帮助了我在白天时不用奶嘴。”

几乎没有一个孩子愿意和心爱的奶嘴分开，不论是只有晚上才需要，还是已经有好长一段时间不再需要，当他们想到时，还是会哭得稀里哗啦。这种情况往往让父母很难受。没有一个父母能够淡定地承受孩子戒奶嘴时伤心欲绝的样子，但他们又不希望孩子因为长期吸奶嘴而造成孩子心理上的伤害。

“有位奶嘴仙子来过我们家。我已经事先和女儿说过仙子的故事了，女儿知道仙子会带礼物送给戒奶嘴的小孩。我们一起写了一封信给奶嘴仙子，信里女儿将想要的东西画成一张画。奶嘴仙子（也就是我）回了一封信给女儿，信中向她说明已经知道她想要什么了，只要她准备好戒掉奶嘴，就会过来把她晚上放在枕头底下的奶嘴换成礼物。女儿很感动，几天之内就主动戒掉了奶嘴，并获得了奶嘴仙子的礼物。不过女儿因为没有奶嘴，第一天睡前还是哭了，那天我陪她躺在床上，抱了抱她。”

或许你会认为，孩子心中的沮丧永远不会消失。但其实不然，也许短短几天之内孩子就可以完全戒掉奶嘴了。在这种痛苦的时候，你可以用不同的仪式来帮助孩子。

你可以试试看“奶嘴树”，让孩子将自己的奶嘴用绳子绑住吊在树上，这样任何时候他都可以去看看它。

牙仙子

相较于奶嘴仙子，也会有“牙仙子”来拜访孩子，带走他们掉下来的乳牙。如果牙仙子能留下个小礼物的话，孩子一定会很开心。你也可以用小盒子或罐子把乳牙收集起来。

> “在我女朋友的家中，只要有孩子的乳牙掉下来了，她的父亲就会带那个小孩去吃冰淇淋。”

强化孩子的自信心

只有极少数的孩子天生就很有自信，因此在自我发展的过程中，孩子需要父母的支持，为他们增强信心。

事实上，本书里的所有仪式都能带给孩子安全感，对你的孩子来说，这是在日常生活中所有不确定性的重要支柱，他们可以牢牢抓住这些支柱。

当然还有一些非常特别的仪式，能够强化孩子的自信，让他们振作起精神。也许你知道几种这样的仪式，或者在特定的情况下你也会不自觉地使用。

强化孩子自信的仪式

·你是否曾经在早晨对着镜中的自己开怀大笑呢？这么做之后，你将发现自己会立刻感到身心舒畅，并能愉快地展开这一天。这样的方式也适合于孩子，对孩子露出爽朗的笑容吧！特别是在早晨的时候，以笑容唤醒孩子，或许也可以来场晨间挠痒痒游戏。

·在即将面临困难的情境之前，例如第一天到新的学校上学、在大吵一架后重新和朋友见面等，请和孩子一起试试下面这项仪式：两个人都站得直直的，抬高下巴，深呼吸后开怀大笑；你们也可以想象自己戴了一顶皇冠在头上，不可以让它掉下来。

·让孩子知道你以他为荣，说给他听并且展示给他看。挂出他第一次画下的作品、将他首座运动奖杯放在显眼的位置，即便是孩子做的“四不像”的手工作品，也要有它的荣誉席。

·相信你的孩子是有能力的！你可以让孩子在一家他很熟悉的超市里独自寻找某些商品，然后再到收银台前和你碰面。即使你很担心，也放心让孩子爬上高耸的攀爬架吧！如果你因为担忧而老是阻止他，孩子就会觉得不被信任，而无法发展出良好的自我意识。

·让孩子通过做自己喜欢的事来获取力量，并且每周为之固定安排特别的时间。如果你不确定什么事情能让孩子获得力量，那么请多做各种尝试。有的孩子喜欢运动，有的可借由密集地和父母其中一方独处来获得力量，有的在听了特定的故事剧后便能得到力量，或许还有孩子只要泡在浴缸里好好地放松，力量就回来了。

Chapter

7

教育，就是这么简单

你现在是否也有这个疑问：“用仪式来教育孩子真的会比较容易吗？”答案是肯定的。因为当事情本来就是如此，而且也一直都这样做的时候，你便不必再和孩子讨论某事为什么得这么做。仪式是教育的绝佳帮手，在本章我们为此整理了一些重点。

某些仪式你可能很熟悉，或者即便是你不熟悉的，你也希望将来能将它建立起来，以解决孩子的某些问题。几乎所有孩子都能通过仪式而变得更容易遵守规则。另外，对孩子而言，如果环境是可预见且是能列入计划中的，他们在成长的路上也会拥有更多的信心和信任。几乎所有教育工作者都运用仪式让自己在执行时更轻松容易。

“倘若没有仪式，在幼儿园里老师是会绝望的！”我们的作者之一这么说，“通过一个小仪式，老师能让孩子快速地集合、围圈圈、餐前洗手，或是让彼此把想说的话说完……当所有事情都照着相同的规则进行时，争吵就会少很多。”

请像那些专业人士一样做，把仪式交到孩子手上，就像楼梯扶手一样，孩子会顺着扶手安全地往上爬。

有句很棒的话是这么说的：“仪式是社会的黏合剂，将所有的社会关系黏在了一起。”回顾一下你的生活，你将发现自己知道且在生活中实际运用到的仪式竟然这么多。单就问候来看，商业活动上和人握手、与熟人碰面时亲吻脸颊，或是与不熟悉但见过面的人点头示意等皆是仪式。

相信私底下你也一定有许多小仪式：和家人亲吻道别，回到家时给予拥抱等。

请勿忽视仪式的重要性，并尽早开始实施。

宠　爱

当有人说你“太宠孩子”，通常都不会是正面的意思，而你自己一定也有这种感受。所以当你听到这些话时，你可能会嗤之以鼻，或者回答自己只在特殊情况下才会惯着他。但对孩子来说，这是一种被爱的象征。

宠爱真的绝对是负面的吗？

不是的！有些情况下你得好好地宠爱你的孩子，例如当孩子生病躺在床上时。这么做对孩子是有好处的。

在特定的时机，例如生日或偶尔在周末时，特别宠爱孩子一下是非常好的。毕竟当我们偶尔也被宠爱时，心里绝对很高兴。不过要注意的是，宠爱不可以是持续性的，只应该出现在某些特定的情况中。如此一来孩子便能清楚地知道，只有在某些状况下可以开启“宠爱模式”，而平常不行，这样他就不会在平时提出那些要求。

什么时候可以宠孩子以及该如何宠呢？

· 孩子牙齿疼痛且咀嚼困难时，煮些麦片粥或牛奶。

· 让孩子在周末穿着睡衣吃早餐。

· 当孩子生病时，请用他喜爱的菜肴和饮料来宠爱他，可以的话看电视的时间比平常久一点。

· 如果孩子想要跟大人一起睡的话，偶尔让他和爸爸妈妈一起睡。

· 度假时允许他也吃些快餐。

你一定也会自然地想起，许多小时候被宠爱的状况以及过程吧，那就将你的美好经验继续传承下去。

无　聊

无聊是生活的一部分。我们成年人多半知道空闲时要做些什么，而且也会因此开心。但是对孩子来说，这却是需要学习的，他们常常不知道自己该做些什么。

大部分的孩子都拥有规律的生活，就连在幼儿园里，也有活动时间表，而非放任自由地玩乐，放学后往往还会继续一些活动，如运动、学音乐、去朋友家玩，或是和妈妈去购物等，不久就到了该上床睡觉的时间了。在这样紧凑的时间表中，孩子不需要让自己有事做，也不用去想要做什么，所以当孩子有了一些“自由时间”时，他们常常会不知道该做些什么，而觉得无聊。

> “每当我女儿来找我抱怨她很无聊时，我会建议她，两个人一起来无聊。我们会躺在沙发上，彼此不讲话，而且什么都不做。几分钟以后，女儿就会觉得这太‘无聊’了，然后她会想到可以做什么，不过这需要长期训练。女儿还很小的时候，她很难熬过这种无聊，因此她都会求我告诉她，有什么事是她可以做的，或者我们可以一起做些什么，所以我很难不去照顾她。但对我来说，让孩子学会自己找事情做，也是一件很重要的事。”

即便这不是一种仪式，但也建议父母们，偶尔就让孩子无聊一下，或者你们一起无聊。因为如果没有无聊，孩子就无法发挥他的创意让自己有事做。

电视的魅力

几乎所有孩子都无法抗拒电视的魅力，而且喜欢看没太大教育意义的节目。请暂时站在孩子的角度来谈这件事，不要再陷入要看什么，什么时候看，以及可以看多久等让人厌烦的讨论。你知道“电视仙子”吗？

> “如果我的女儿看电视看太久了，我们就会说：‘电视仙子必须先带一枚电视银币过来。’什么是电视银币呢？这是一种宝石或类似宝石的东西。当银币出现在信箱里或窗台上时，电视才会再度启动。”

说不定你也曾经遇过“电视仙子”，只是你自己不记得而已……

魔法遥控器

使用这项“诡计”时你必须先移除遥控器的电池，如此一来电视就只能在特定的时候（也就是电池装回去时）打开。

分担家务

在孩子成长的过程中，让他们分担家务，如收拾桌子等，是非常重要的事。当然，孩子的年龄不同，家务分担也会不同。请想想孩子可以做哪些事。如果身为父母的你已经想好，有哪些你认为重要的任务要让孩子去承担，那就和孩子一起坐下来谈一谈，也许你们可以一起做一个计划或者画一张画，附上一个可以转动的箭头，用它来标明这星期该轮到谁收拾桌子或倒垃圾。这往往能发展出一套仪式，在每周或每日开始时将箭头转往下一轮。

任务完成的人自然也需要被嘉奖。当你做了某件事后，如果这件事受到了重视，同时也被注意到，内心必定会感到非常高兴。相反，如果没人注意的话，那心里就会失望，且很有可能不会再做第二次，或者做这件事的干劲和热忱被减弱。孩子也是一样的。

因此，请实施一套“嘉奖计划”，最好是全家人都适用的计划。也就是说，家里的每一个人都可因完成任务获得一个点数、笑脸符号或贴纸等，并在每个周末（如在每周的家庭会议上）统计结果，再与那张大家一起制作的兑换表互相对照，看看全家人一起收集到的点数可以兑换成什么（例如五点是家庭游戏之夜、十点可以去趟游泳池、二十点则是去看电影等）。施行后，你将会发现，家人们能从中获得许多乐趣，说不定还会彼此留意叮咛呢!

弹珠杯

视觉效果佳的嘉奖方式，也能获得相当不错的成效。准备一个玻璃杯与弹珠（杯子不能太大，弹珠不能太小），每当孩子按照约定完成任务，比如收拾整理好了，就可以放一个弹珠到玻璃杯里。当弹珠累积到超过一条特定的线时（大家事先一起决定并画下那条线），就可以一起去吃个冰淇淋，等等。

当然你也可以反向操作。把四块积木放在柜子上，每当孩子未遵守约定，你就拿走一块积木。积木可以代表看电视的时间（一块积木五分钟），如果到了晚上只剩下一块积木，孩子就只能看五分钟的电视。这种仪式的好处是，你什么也不必说，只要拿走积木就好，这样可以避免你们陷入讨论争辩的泥沼。

家庭会议

你熟知在工作上或从电视里看到的会议很无聊，而且会议经常讨论不出结果。家庭会议当然应该以完全不同的方式进行，通过一些技巧和方法，你就能创造出美好的家庭会议仪式，而且会很快喜欢上它。

每周一次或者至少每个月一次，全家人一起坐下来开会，并保证所有人都有充裕的时间，不会有人中途需要离开。大家聊一聊这期间发生的事，并拟定下周的计划，也可在会议上讨论每个人需要承担的家务等。你将发现通过与仪式的联结，会造就更多乐趣。

你们可以轮流由一个人来注意是否有人插嘴说话，也能利用发言石（或其他物品来）表示，只有手里拿着这块石头（物品）的人才能发言。如果你家没有插嘴干扰的问题，当然就不需要这项规矩。

手足之间

兄弟姐妹是很特别的存在，彼此之间有着独一无二且密切的关系。无论何时、何地，只要你发现兄弟姐妹之间的仪式，请好好维护并支持它，这对孩子未来的成长和维系手足之情格外有益。

“我和弟弟洗完澡后，妈妈会用一条事先放在暖气上烘热的浴巾，帮我们同时擦干，而我们则会紧紧依偎在一起。”

兄弟姐妹之间可以互相学习的事很多很多。

“一个星期会有一天，弟弟可以和我一起弹钢琴，我会告诉他按哪个键。当我们一起弹一首曲子的时候，他会非常高兴。当弟弟年纪够大后，也开始学钢琴，而且学得很开心。”

当然，兄弟姐妹之间不是每天都能相处愉快，也会有争吵的时候。当他们争吵时，有一些简单的仪式能帮得上忙。吵架时，最重要的仪式便是和解了。和解的方式可以是睡前握手言和、吵完便不能再提等。针对这件事可以参考“争吵与和解”这章里其他有关和解的例子。

“以前我们很喜欢玩印第安人的游戏，晚上会象征性地把小斧头埋在床下，这代表着晚上不能再提到吵架的事（小斧头隔天会不见）。还有我们必须以印第安头目坐牛[①]之名和解。这个誓

①十九世纪的一位印第安酋长，曾带领他的族人对抗当时的美国白人军队。

约会由我们的父母见证，接着握手与大声说‘呼’来化解怒气，在绝大多数的情况下，我们在第二天早上就能和好。”

下面还有另一个例子，提供了如何让兄弟姐妹和睦地分配东西的好方法。

“如果我们四个兄弟姐妹一起获得了一袋糖果，这袋糖果会被平均分配到各自的糖果罐里，无法平均分配的量则给妈妈。这真的制造了奇迹，从此之后，几乎没有我们不能平均分配的东西。”

Chapter

/

8

来，抱抱

满怀爱意的肢体接触对孩子的发展来说非常重要，你可以从孩子很小的时候就通过仪式，以游戏般的方式，将爱的肢体接触融入日常生活之中。

走在路上时，哪个孩子不喜欢骑在爸爸肩上呢？不过这只是你与孩子肢体接触当中的一种而已！

道别与问候

在道别、问候或睡觉的时候，请使用特殊的亲吻方式，如彼此蹭一蹭鼻子，或者给孩子一个“爱斯基摩之吻”（用睫毛蹭孩子的鼻子）。这么做之后，你将会发现，这对孩子来说多么有趣。他们会期待这样的方式，甚至还会主动要求进行这项仪式。不过通常在青春期来临时，这项仪式也会走入历史。

另外，“亲吻马拉松”也是很棒的晚安吻。“亲吻马拉松”即是依照顺序，亲吻孩子脸上固定的一些地方，如额头、眼睛、鼻子、嘴唇等。至于这趟马拉松要亲多久，就由你和孩子共同去决定吧！

做得很好

你知道“击掌”这个仪式吗？每次足球员踢进球后都会互相击掌。你也可以将这变成一种仪式，只要某事很成功，就可以和孩子互相击掌。

给予安慰

就连日常生活中的一些小动作也带有仪式的意义，比如拍拍肩膀就是一种仪式性动作。这个动作代表了两种意义：认可和安慰。即使这种肢体接触的时间很短，也能传达出意思。

坐在怀里

在本书某位作者的家中，有项肢体接触仪式：当家人共进晚餐后，孩子可以坐在爸爸或妈妈的腿上。如果你们家不止一个孩子，父母每人各有两条腿，请和孩子用这种方式消磨几分钟。你们可以回顾一下今天发生的事，或者一直闲聊到要上床睡觉为止。

另一种类似的动作是将父母的腿当马骑。小孩特别喜欢这种游戏，它同时也是一种非常重要的仪式。孩子不但觉得有趣，而且也能加强他们对父母的信赖，因为孩子相信爸爸妈妈不会让他们掉下来。

其他和肢体接触有关的仪式

睫毛许愿

如果你发现自己或孩子脸上有一根睫毛，请轻轻地用手指把它拿起来，让孩子吹走它的同时许个愿。

勾手指

如果两个人同时说了一样的话，用小指勾住孩子的小指后许个愿，然后再用手把两只勾住的指头“切开”。

你一定还想到了其他可以和孩子增进肢体接触的美好仪式，请尽情去做吧！

Chapter

/

9

什么都不怕

仪式能赋予安全感。或许你曾有过这样的经历，当你有一个重要会议或一份待签的生意合同时，一定要带着一支特定的笔，或者早餐得经过特定的程序进行。这么做并不代表你不了解这些事情，就算不这么做也不会影响结果，但是这么做却能增加你的安全感，对孩子来说也是一样的。

如果你的孩子运用一种“每次都能成功的程序”克服了某些特定状况，那么当他遇到问题时，就会变得不那么害怕。请在孩子还小的时候就开始训练，或者将它们变成仪式，你将会发现，这样真的管用！

化恐惧为勇气

不是每个孩子都是从小就很勇敢，并且很有信心，相信自己可以做很多事。某些孩子只会在特定的成长阶段显得畏缩，但有些天性便是如此。

特定的仪式能协助孩子处理内心的恐惧。

“孩子的幼儿园里有一种‘勇气果汁’，其实就是把樱桃汁和香蕉汁混在一起。但当这种果汁出现的时候，所有孩子心中都好像会充满勇气，敢去做一些以前从来不敢做的事。我儿子很喜欢，每当他面对未知的挑战时，都会要求喝这种果汁。”

来发明个“勇气诞生”特制魔法口香糖吧！或许对你的孩子来说，也会是个很有帮助的仪式。

“我女儿有段时间被幼儿园里的一群男生捉弄，这让原本胆小内向的她，在幼儿园里几乎什么也不敢做。知道这个情况后，我在一间玩具店里买了个‘勇气怪兽’送她。重要的是，这个东西必须能装进裤子口袋里，这样才能让她一直带在身上。这只‘勇气怪兽’给了她很多力量，让她有自信去对付那些惹她生气的男生。”

重要的是，孩子需要永远感觉得到，父母是否相信他真的能做到某件事。如果连你们也显得忧心忡忡，害怕他会从攀爬架上摔下来，那么孩子可能就完全不敢爬上去了。请用正面的话来让孩子更加坚强。

正面话语（支持的话）

- “你办得到！”
- “我相信你！”
- “我相信你可以做到！”

这些话比起你说“最好小心点”“有点太危险了”或“还是不要做吧，免得你受伤”这类的话，更能给予孩子支持。

下面还有很多能够在孩子害怕时给予孩子帮助，而且很容易执行的好方法。看看你和孩子喜欢哪种方法，然后一起试一试。无论哪种仪式，重要的是你要对它有信心并且相信它真的有用。只有在你带着热忱和信心将仪式教给孩子时，他才会相信并去尝试这个仪式。

对付恐惧的办法

守护天使

市面上有许多漂亮的守护天使，不过如果能自己做那就更好了。你可以画在纸板上再剪下来，也可以用陶土捏制，或者做一个专属的娃娃。不论它是什么材质、价值多少，一定都能让孩子印象更加深刻，效果也会更好。和孩子一起动手做吧！通常孩子都会有很棒的想法。

超级英雄

你也可以和孩子一起想一想，若有一个可以保护他的超级英雄会是什么样子呢？这个超级英雄可以是孩子认识的人物，电影或书里面的角色，或者也可以是一个他幻想出来的人。和孩子一起把他画出来或做出来，想想怎么做最合适。

绘本

请和孩子一起设计一本与他的恐惧有关的绘本，故事中应该有能克服孩子恐惧的英雄，或是其他帮得上忙的东西出现。在面临引发孩子恐惧的状况时，和孩子一起读这个可以克服他内心恐惧的故事。

专属的骑士装

和孩子一起设计一套骑士装，可以画出来或做出来。想一想，骑士装如何能战胜“恐惧恶龙”，也许需要一把剑，或者你们可以一起为这套装备制作一面盾牌。如果这套装备很适用，那么孩子可以在面对困境时，用想象的方式“穿上”它，借此变得坚强、勇敢并受到保护。你也可以将这整套装备搭配上“坚毅骑士神奇呼吸法”，教孩子如何平静地用腹式呼吸（这种方法对付恐惧非常有帮助），或者再多想一句勇敢的骑士格言。

勇气手提箱

和孩子一起打造一个“勇气手提箱”，他可以将对抗恐惧的“帮手”放入手提箱里，例如强壮的动物玩具或是像“你办得到”这样的字条。当他要去朋友家过夜或遇到类似的情况时，就可以带上他的勇气手提箱。

把恐惧关起来

和孩子一起想一想他的恐惧长什么样子，并和他一起把恐惧“打包”或“打包后丢掉”。你可以在会引发孩子恐惧的状况发生前，和他一起先把恐惧“关起来”，可以关在一个“恐惧手提箱”“保险箱”或其他特别的箱子里。“关起来”以后，在面对困境时，恐惧就不能再伤害他了。

勇气石

你知道“勇气石”吗？勇气石最好是在和孩子一起散步时“找到”的。你可以在河滨、海边、森林或草地上发现勇气石，或者到专门的“勇气石商店”买一块。要和孩子一起去买勇气石，一起挑选或问问店家的意见。一定要慢慢挑，把挑选石头的过程也变成一个特殊事件，这么做可以让孩子赋予这块石头特殊的意义，往后遇到让他害怕的情况时，他会带着这块石头，并觉得自己勇敢了很多。

恐惧蜡烛

你知道吗？在德国某些地区，如果碰到了重要的、令人激动或害怕的情形时，人们会在家里点上一根蜡烛。例如，若今天有一场特别难的考试，点上蜡烛后“这根蜡烛会为我燃烧，帮助我，直到我脱离困境”。基于安全，当然必须将蜡烛放在玻璃杯或浴缸里面。等到让人害怕的事情结束后，再吹熄蜡烛，这代表着“现在不需要了”。

恐惧之画

让孩子把他的恐惧画出来。恐惧并非抽象、不明确的形体，孩子所呈现出来的该是有“具体形象”的样貌。借由孩子画出的图，你可以得到很多信息，例如孩子的图上有又粗又黑的外框，表示恐惧对他来说基本上已经不那么有威胁性了。随后和孩子一起想想该如何战胜恐惧。可以在孩子画完恐惧画后，把它烧掉或剪碎，再把灰埋起来，并将之变成一项仪式。

魔法香草袋

一个好闻的小布包，无论是买的或者自己缝制后再填入香气浓郁的香料的，在帮孩子对抗恐惧时都会很有用。孩子可以将“魔法香草袋”带在身上，每当需要勇气时，就拿出来闻一闻。

魔咒

魔咒同样也是给予孩子勇气的极佳方式，上面提到的仪式都很适合同时加上“勇气魔咒”。

- “魔法变变变，马上把怕怕变不见！”
- “一二三，不好的想法立刻退散！”
- “西姆撒啦，考试立刻变简单！”
- “勇敢，勇敢，勇敢，顺利渡过所有难关！”

怪兽与鬼怪

孩子常常会觉得房间里有怪兽或鬼怪，有的甚至会说他们亲眼看到过。这种恐惧有时会严重到让孩子不敢打开自己房间的衣柜门，他们会害怕有怪兽突然从里面跳出来抓住他们。

这时父母必须正视孩子的恐惧，请不要和孩子争辩说：“唉，别装了，根本什么也没有！”孩子必须感受到父母很重视他的恐惧，而且认真对待并支持他去克服恐惧。

防怪兽喷雾

你可以和孩子一起制作一罐“防怪兽喷雾”（如将水和薰衣草混合在一起），或者在货色齐全的香水店里买一罐。试试看喷了喷雾之后，怪兽是不是变少了。

害　羞

也许你家也有一个害羞的孩子，喜欢躲在你背后，被问问题时总是小声回答。对身为父母的你们来说，难免会因此而有些担心。一般来说，这个问题通常会随着孩子的成长慢慢消失。

当然，还是有一些技巧和手段能帮助孩子克服羞怯。

请让孩子知道他有多棒，而且要尽可能地常说。还要告诉他，他做的是对的、他很完美，你就是爱这个样子的他。这么做会增加孩子的自信心。为了完全掌握孩子的优点，你们可以一起做一张拼贴画。

拼贴画——“我会做什么，喜欢什么，敢做什么，擅长什么”

在一张纸的中央贴上孩子的照片，接着从旧杂志上剪下所有与孩子有关的内容或图片。如果他喜欢运动，那就在拼贴画上贴上那项运动的图案，喜欢吃的东西也可以贴上去，慢慢贴满这张画。你的孩子将能从中看到所有属于他的东西，以及他可以做到的事。

练习吵架、吼叫和打架

害羞的孩子常会害怕面对各式各样的冲突，针对这点，你们可以和孩子一起在家里进行训练。

打架、吵架时间

每周定一个固定的“打架时间”，然后和孩子一起好好地吼叫、推撞与争吵。刚开始的时候孩子可能会害怕，或不想一起做。不过，慢慢地他就会发现，偶尔大声对某人说出自己的想法，或在游戏时互相推撞，并没有什么关系。你也可以制订规则，即在这段时间内（只能在这段时间内）容许使用粗话，反正孩子绝对不可能不接触到粗话，让他在家这个受保护的范围内每周释放一次，也好过在一般的日常对话中使用。

给予孩子充分的机会去克服他的羞怯，让他在你们面前来场小小的马戏团表演如何？或是亲自邀请祖父母来家里住。只要经常训练，孩子慢慢地就很容易克服羞怯。

放手让孩子去做吧！例如，让孩子自己去冰淇淋店排队买一个冰淇淋。你越相信他能做到，他就会越相信自己有能力做到。

有一本很棒的书叫《科尔斯滕·波伊谈害怕》（*Kirsten Boie erzählt vom Angsthaben*），作者是科尔斯滕·波伊（Kirsten Boie）。她在书中用孩子听得懂的方式，好好地谈论了孩子害怕这件事。

如果孩子的羞怯或恐惧太过强烈，以至于上述的方式都无效，甚至孩子在过了很长一段时间之后，仍然不敢再回到他自己的房间睡觉，甚至产生了其他问题，那你就得去寻求专业协助，和儿科医师谈一谈，或找儿童青少年心理医生咨询。

Chapter

/

10

争吵与和解

在幼儿园里通常会有一张“冷静沙发”，情绪高涨的孩子必须坐在沙发上一段时间。你或许也知道“冷静楼梯”，如果孩子经过警告后仍继续吵闹，就必须待在楼梯上。除此之外，还有一些仪式可以帮孩子化解怒气。

当遇到孩子之间争吵或孩子很愤怒时，你会如何处置？此决定与你幼时的经验息息相关。

发展自己的方法

想一想你自己是如何面对和伙伴的争吵或消除愤怒的呢？你会暂时避开对方，还是当面直接解决问题？你会提高音量，还是去慢跑？

> “我们家不会特别设一个‘冷静地点’，但在状况失控的时候，我女儿必须回到她的房间，过几分钟以后，等她冷静下来才能出来。”

每个人面对愤怒、压力或不愉快时都有一套自己的处置方法，请想一想哪种方式对你来说最好。

任何时候你都可以为你家中新的、适当的争吵文化，发展出一套策略和仪式。身为家长应该尽全力找到有意义的解决方法，而且让所有家庭成员都了解清楚。

> “我儿子清楚知道，每当我慢慢地数‘1、2……’时，就是有趣的事已经结束的意思。他从未因此受到严厉的惩罚，因为他从一开始就很清楚，我开始数数就表示乐趣结束了。”

愤怒和争吵是人生命中的一部分，但孩子还很敏感，而且他们不是每次都知道该如何面对自己偶尔的负面情绪，因此在家中施行一套理性的争吵文化，是很重要的。

请让孩子了解负面的感受，如害怕、愤怒、生气等，都不是问题，重要的是要在一个适当的范围内，表达出这些感受。请注意，身为家长，你也必须遵守这些规则，这样孩子才能学会。

如果孩子开始莫名发脾气，下面的方法会很有用。

> “每当我女儿又开始生气，而且我几乎无法接近她的时候，我会放一只‘生气羊’在她肩上。因为她常常根本就不知道自己为何如此生气，因此我们把过错推给‘生气羊’，是它让她变得这么坏的。接着我们会用许多幽默的方式去摆脱它，然后所有的愤怒就如同被风吹走一样，烟消云散。”

帮助孩子化解负面情绪的仪式

休息五分钟

当你发现自己或者孩子快要生气时，立刻说“停，休息五分钟”，然后设定好定时器，在这五分钟之内不要互相交谈，最好各自到不同的房间去。过了五分钟之后，一起坐下来谈一谈，为何你或者孩子会生气。通常在过了五分钟之后，怒气都会减弱一些，可以冷静地谈谈问题，一起找出解决之道。如果你一直都这么做，孩子就能很快学会这种化解冲突的方式，而且当他察觉自己快要生气时也会说出“停”。

打枕头

如果孩子真的非常生气，而且你觉得他很难从这种情绪中走出来，那就让他打一打床垫、枕头，或捂着枕头吼叫。这么做不会伤害到任何人，就能化解掉孩子身上的攻击性。通常孩子的攻击性会非常快地消失，你们又可以再度正常相处了。

写下感觉

将感受和情绪写出来。有时候孩子或你会觉得自己被误解了，认为没有人理解自己。如果孩子会写字，可以让他把感受和想法写在纸条上交给你，反过来请你也这么做。比起把话说出来，在纸上写的文字会呈现出不同的感觉，有时候会让人更加深省。

和　解

吵架并不好，不只父母会这么觉得，孩子也会。即便如此，在某些情况下我们总是无法避免吵架，所以学会和解很重要。如果没有彻底和解，事后双方心里都会不好受。

和解也能通过仪式来执行。吵架之后你会如何和另一半、同事、朋友或家人和解呢？或者你希望怎么做才是“好的和解方式”呢？

“在我们家，无论吵得多凶，或其中一方有多生气、多失望，对所有人来说，最重要的是彼此很快地和解，没有人会带着这种情绪离开家或上床睡觉。在激烈的争吵后稍微冷静下来，我们会去找对方表明和解意愿，接着互相握手，对彼此说‘对不起’（因为吵架双方都有错）。道过歉之后彼此拥抱，并告诉对方自己有多爱他。

“这项仪式在我们家实施了很长一段时间。对我们来说，最重要的永远都是，每个人都知道无论和谁吵得有多凶，我们对彼此最深层的爱永远不会改变。”

每次吵架后先留几分钟的时间“让一切随风而去”，因为情绪波动太大时往往很难和解。当你感觉到自己已经冷静下来了，再去找孩子，抱抱他，问问他彼此是否要和解，只有极少数的情况孩子会拒绝和解。孩子很快就会学会这种和解的行为，在你先踏出和解的第一步几次后，他也会开始踏出第一步。当他这么做的时候，当然得称赞他一下。

下面有许多和解仪式，选择你最喜欢的，或者用你已经有的某种效果不错、专属于你的和解仪式！

和解仪式

洗个热水澡

吵架后给对方“洗个热水澡”。这么做并不是真的帮对方洗澡，而是告诉对方自己喜欢他什么。

和解字条

虽然很难开口道歉，但和解是必要的。真的说不出来的话，可以给对方一张字条，上面写一些亲切的话语或只简单画个爱心就好。

散步和解法

吵架过后一起去散步。人在活动时，通常情绪都能很快冷静下来。

白旗

大家都知道“白旗”象征着放下武器投降。也许你可以和孩子一起制作一面白旗，然后把它放在家里某个固定的地方，当吵架的其中一方不想再继续下去，就可以取出白旗并举起它。只要白旗出现，就不能再吵了。如此一来，怒火可以消散，而且之后要和解也会容易得多。

和平烟斗

我们可以像印第安人一样在家里准备某种“和平烟斗”[①]，当然不是用来抽的，而是用来象征和解的。

大卫·麦基（David McKee）的童书《两只怪兽》（*Two Monsters*）书中用很棒的方式来描述吵架这个主题，或许吵架之后一起看看与其相关的童书，也是个不错的仪式。

对孩子来说，重要的是他们一方面学到了正确的吵架方式，同时也学会了如何正确地和对方和解。吵架之后如果没有和解的话，容易在心中留

①北美印第安风俗，以相互传烟斗表示讲和。

下一个疙瘩，孩子有可能会因为一点小事而不再喜欢彼此。

道歉，是项重要的仪式

你可以从孩子很小的时候，就开始以仪式的形式来训练孩子说“对不起”。首先想一想你希望孩子如何道歉，或者你自己是如何向他人道歉的呢？

每个孩子都应该学会说“我很抱歉”或“对不起”。

请从孩子还小的时候就开始训练。你可以在和孩子游戏时，推倒某样东西，然后说“对不起”。小孩很快就会从你身上学会这种行为并开始模仿。

当孩子年纪稍长后，你会发现“对不起”三个字对孩子来说好像越来越难说出口，而且越来越需要你去提醒。此时，父母可以问问孩子为什么不愿意道歉，借此表示你想要了解他的行为。孩子不愿意这么做的原因常常是因为他们有着和我们成人不同的标准，他们不想认清自己该负起的“责任”。

> “我试着告诉女儿，问题不在于是谁的错，道歉是为了终结负面情况。”

有的时候孩子会难以接受亲口为某事道歉，我们可以和他们练习画或写张小小的道歉纸条，这会比说出来简单得多，而且效果一样好。

这么做能让孩子主动道歉

· 让孩子从小在游戏中练习道歉，因为年龄越小时做这些越容易记在心上。

· 画下来或写张道歉纸条。

· 训练孩子用一种特殊的动作来取代口头道歉，例如拥抱或亲吻脸颊。

成为榜样

或许你会怀疑，甚至想问这个章节和仪式究竟有什么关系。因为本章内容看起来似乎是严肃的教育议题。即便如此，我们还是认为“争吵与和解”这件事，对孩子来说很重要。只有父母以身作则，将之与仪式紧密结合才会有效。

如果你在吵架之后，靠近对方并尝试去解决争吵或问题，孩子就会信服。孩子比我们认为的还要聪明，请确认孩子是非常有意识地在履行你的吵架文化，并试着去适应它。也请在吵架时成为孩子的榜样，展现出如果你是孩子，会希望你的父母怎么做。

如果你想以仪式的形式将某种吵架文化教给孩子，那么你自己在争吵时，就一定得遵守那些你为孩子在吵架时订立的规则。如果孩子仿效的对象所做的行为是“错误的”，那么孩子如何能学会做“对的”事呢？

父母应该成为孩子的榜样。同样，你的孩子也应该尽可能地成为其他孩子的榜样。举例来说，我告诉自己的孩子，把垃圾随手扔在街上是不好的行为。吃完糖果后，如果无法把糖果纸丢进垃圾桶的话，就必须先将垃圾放在袋子里，回家后再丢进垃圾桶。我女儿深深地记住了这点，以致她几乎每天放学后都非常失望地回到家，因为又有“不乖的人”把垃圾直接丢在了地上。

这类可作为榜样的观念，孩子能够轻易地通过仪式而学会，因此你的孩子同时也可以是其他孩子的好榜样。

还有哪些方面，能让我们的孩子也可以成为其他人的好榜样呢？

人际相处是其中之一。如果你们在家中的相处模式都是礼貌且互相尊重的，当别的孩子来访时，他会将这套正面的相处模式带回家，并且有可能会在自己家里主动这么做。

家里的吵架文化也会有同样效果。如果你的孩子学会如何让争吵不诉诸暴力又能达成妥协，他也会在幼儿园、学校或朋友圈里尝试这么做。其他不知道这种吵架文化的孩子或许会发现，比起他自己的方式，这种形式是种更好的选择。

当你的孩子学会良好的餐桌礼仪时，他也可能在这方面成为其他孩子的榜样，而且小孩子最喜欢模仿大孩子的行为。

当你的孩子学会“正确的”行为时，在很多生活情境中，都可以起到榜样的作用。

如果你不只有一个孩子，请告诉最大的那个孩子，对弟妹们来说他是一个榜样，就像父母也是一种榜样一样。这个榜样的角色有多重要呢？如果没有榜样的话，弟妹们就学不到“正确”的行为了。

Chapter

11

上幼儿园喽

你回想起自己上幼儿园的时光了吗？幼儿园里各种很棒的仪式，一定还留存在你美好的回忆里吧！

孩子会在幼儿园待到六岁，他们在幼儿园里通过和同年龄的同学相处，可以学会许多事物，并会将此带入未来的学习和生活中。

上幼儿园是孩子踏出独立的第一步。对孩子来说，这或许是第一次长时间（半天或全天）没有父母在身边。他需要开始建构社交能力，获得其他孩子的认同。幼儿园老师的教学重点包含沟通、语言、玩耍、活动、身体和实验等领域，你的孩子将着重学习建立社会关系与人际情感。

上幼儿园对孩子有好处吗

专家已经证实，上幼儿园对孩子的成长来说，有着极为正面的效果。上过幼儿园的孩子比较沉稳，更懂得分享与合作。他们在幼儿园里学习、玩耍、劳作、唱歌、吃饭、睡觉等，相较于自己一个人做，大家一起会有趣得多。

在幼儿园里，孩子必须将玩过的玩具放回原来的位置，在游戏中学会遵守规矩。如果孩子们因为某个玩具而吵架，就必须去弄清玩具是属于谁的，刚刚是谁在玩这个玩具，以及是否可以借别人玩。在这个过程中让孩子学会妥协的方法，“你先玩再换我”，或者两人一起玩这个玩具。在幼儿园里，除了少数日子，通常孩子都不能带自己的玩具去玩，因此那里的玩具并不“属于”某一个孩子，而是大家的。每个孩子每次只能在某段时间内拥有一个玩具，如此一来，孩子就学会了分享、公平以及寻找妥协的方法。

幼儿园里注重诚实，所有孩子都要遵守规定和仪式，例如不可以用尖叫来达到目的、争取权利，不可以吐口水、捏人、踢人、打人、推人，等等。

在卫生教育方面：上完厕所要冲水，手要用肥皂清洗，还有离开厕所时要将厕所恢复原状。无法独自去上厕所的孩子，会有老师协助。这些老师都会通过仪式来施行，这清楚说明了仪式有多么重要、容易且效果有多么持久。

校外教学时，孩子们会学到在马路上该怎么做，如何注意交通状况等。每个孩子都会去注意别人怎么做，走在人行道上时尽可能远离马路，而且要跟同学牵手，还有非常重要的是，练习辨识交通信号灯。

你当然也可以在全家出游时，使用部分或全部的仪式，这会让你们全家出游时更加轻松、安全。

某幼儿园的校外教学仪式

- 每个人都要先去上厕所。
- 所有人穿好衣服。
- 集合。
- 每个年龄较大的孩子，都要牵着另一个年龄小的孩子的手。
- 领队的老师要负责告诉孩子们什么时间才能过马路。
- 队尾的老师要注意让所有孩子在队伍里站好，并且认真听讲。
- 大孩子站在队伍外侧。
- 等公交车时，孩子们要待在候车亭内直到公交车来。
- 上车时，所有人从后门上车并立刻坐好。

许多幼儿园都会教孩子认识健康且营养均衡的饮食，孩子们会在“蔬菜日”“水果日”或“麦片日”从家里带来相关的食物，然后一起讨论这些食物，这样每个人都能学到有关健康均衡饮食的知识。一起享用早餐和午餐时，注重的是餐桌礼仪，你在家中也可以轻松得到这些仪式的正面成效。

幼儿园的特别仪式

某些幼儿园会举行“儿童会议”。老师和孩子一起举行会议，谈论一些对孩子来说重要的或使他们困扰、生气的事情，并和孩子一起制订新规则，也会在会议中协助孩子排解问题。

请和老师们谈谈幼儿园里有哪些仪式，或许有些仪式你可以在家使用或执行。

幼儿园的日程里每天都有重复的程序或活动，这些程序和活动对孩子来说就是仪式。例行公事让孩子的言行有依据、有安全感和信赖感，通过游戏、乐趣和团体生活，汲取那些对孩子来说非常重要且对他未来人生很有帮助的经验。每个孩子的发展都不尽相同，因此他们学习、吸收、消化事物的速度也不一样。但是通过行为的重复，每个孩子在行动时，都能有把握并且充满信心。

也许你的孩子已经知道并能做很多事了，经过幼儿园里许许多多优良的仪式后，他的知识与能力都会增强，而且有些事情只有在同侪的群体里才学得到。

几乎所有孩子在幼儿园里所学的，都可以运用到其他情境中，并为他们的未来生活所用。因此，请轻松看待孩子在幼儿园里所学、所体验到的所有美好事物，并为此感到开心。

上幼儿园前的准备

孩子不久后就要去上幼儿园了，你很不安，不知道是否会顺利，孩子能否适应。孩子虽然也能感觉到生活将会有所改变，不过他还无法判断，因为他不知道什么是“幼儿园”，无法想象那是一个什么样的地方。

为孩子做好心理准备

你可以先带孩子去幼儿园参观，让他认识老师以及了解一下环境。

有关孩子上幼儿园的书很多，也许你已经和孩子一起读过了，如果没有的话，一起看看书（当然不会只是一次）会是个很棒的仪式。

如果时间允许的话，你可以事先带孩子多走几次上学的路。如果在早上上学时间去的话，很可能会在路上遇到其他家长和孩子。

和孩子一起去购买幼儿园需要的物品吧！你通常会事先拿到一张物品清单，例如背包、餐盒、雨靴、雨衣、替换衣物、室内鞋等。请在选购时让孩子一起挑选并一起决定（如颜色）吧！

模拟幼儿园游戏

和孩子一起玩模拟幼儿园的游戏。早上多准备一份面包，放在袋子里交给孩子，可以把客厅当成幼儿园，带孩子到那里去，接着和孩子道别并模拟幼儿园内的活动（玩耍、做劳作、吃早餐等），也可以让娃娃或动物玩偶一起加入。

别忘了要让孩子提前适应新的生活规律。早上配合上学时间叫醒孩子，让他尽快习惯。

分离焦虑

分离焦虑常常带有愧疚的成分在内。“相较于重返职场，我是不是待在家里比较好？那么我的孩子就可以留在家里了。”这是很普遍的想法。在这种情况下，分离焦虑多半来自于父母。

父母必须经历孩子快速脱离自己的过程。这个过程确实很难熬，不过当孩子开始上幼儿园，会为彼此带来新的自由空间，你可以充分运用这些自由时间做自己的事情，孩子在幼儿园里也会拥有一段美好、自主的时间。你和孩子都应该为这段专属自己的时间感到高兴，好好享受这段时间后，再彼此交换心得。

当然，刚开始上幼儿园时孩子也会感到害怕，他们无法估算自己要在幼儿园里待多久，他们害怕不会有人来接自己回家。孩子必须先获得安全感，他需要不断地感受到照顾他的人是可靠的。对孩子来说，重要的是来接他的都是同一个人，这样他就能继续向同一个人报告自己做了哪些事，而爸爸或妈妈也能参与他的日常生活。

“我会在幼儿园帮女儿脱下外套，待在那里等到她换上室内鞋，然后我会带她一起走到班上，告诉她现在已经到家了。她会再跟着我快速走回大门口，紧紧地拥抱彼此后，我就走出大门。我会在玻璃门的另一侧对她挥手，直到她再度回到自己的班级里。”

“因为我们每天经历的程序都是一样的，因此道别是一种例行公事，而且事先就可预知接下来会发生什么事。”

“当然，有些时候和孩子的道别也会不顺利。这通常是在我儿子身体不舒服或没睡好的时候。不过即便如此，我们还是尝试继续我们的仪式。有的时候老师会帮忙，她会抱抱我儿子并回教室去。基本上在孩子三年的幼儿园时光里，我都能在没有太大的吵闹之下，顺利离开。”

你可以利用一些小仪式，来对付这种有时候很棘手的道别状况，借此让分离变得更容易些，也能让孩子带着好心情上学。

请注意，道别仪式每天都要一样，而且不要只因为孩子稍微哭闹一下，就无所谓地拉长时间。要是因为小孩稍微哭闹你就留久一点，孩子便会觉得他只要这么做就能达到目的，肯定会一再地这么做。因此，请你坚定意志，但态度要温柔。

幼儿园门口的道别

有时候在幼儿园门口跟孩子道别会是父母面临的一场严峻的考验，孩子尖叫并紧抓着你，你额头上会因为焦虑流下汗水。接着你开始思考，如果把工作辞了在家照顾小孩是不是会比较好？

不会，请立刻打消这个念头并且放宽心。几乎每个孩子都会有不想去幼儿园的时候，通常这和你们是不是狠心的父母，以及孩子是否害怕上学没什么关系。

> “我们的‘疯狂幼儿园’里有许多不同的仪式。从早上父母们送孩子来，在我们舒服的沙发上坐下来闲聊喝咖啡就开始了，接着父母就会被孩子们‘推出去’。”

刚开始上幼儿园的时候，离开父母或与父母道别对许多孩子来说是很困难的。但通过固定的道别仪式，状况会一天比一天好，我保证！

也许你们可以一起读本书来道别，或是玩一玩道别拼图。有一个很有效的仪式是紧紧拥抱孩子，给他一个真挚的道别之吻，并在他手中塞入一个他专属的“日间陪伴物”，例如一条链子、一块布巾或一个娃娃等。这个物品可以让孩子自行选择。

请在道别时这样说：“祝你今天（在幼儿园）度过愉快的一天，我会期待下课时来接你。”然后向孩子挥挥手，用放松、愉快的脸对他报以微笑后就离开。

幼儿园里的问候仪式和其他仪式

幼儿园的早晨仪式，种类跟幼儿园的数量一样多。但不管何种仪式，程序都是固定的，如此一来孩子才能遵守，老师也才能掌握情况。

“早晨集合围圈圈之后，我们会一起吃早餐。大家在桌边坐下来，所有人手牵着手，接着是‘用餐愉快开饭词’，由某个孩子来选择要说哪句开饭词，然后安静地用餐，吃完后再去刷牙。”

“为了让孩子能对幼儿园感兴趣并产生认同感，我们从很早开始就会实施一种仪式：每天早上将所有孩子集合围成圈圈（这当然也是一种仪式）。接着我们有一首专属的幼儿园歌曲，还有三只自制的森林小精灵。这三只小精灵每天早上都会和孩子一起集合围圈圈。我们幼儿园的徽章上就有这三只森林小精灵，它们真的在我们的园所里存在，且独一无二。这几只毛绒玩偶当然也每天陪着我们一起工作。”

“每天九点老师会和孩子们一起围圈圈展开一天，大家暂时安静下来，闭上眼睛，支起耳朵，并播放音乐。接着大家会一起数人数，看看今天谁缺席，为什么，今天是星期几，有什么预定要做的事。最后是享用早餐。”

唱唱问候歌曲也很不错！可以边带入同学的名字唱歌，边搭配动作。

Hello

Hello！你们在这里，真棒啊！Hello！有你们在，真棒啊！这是×××，那是×××，还有×××。

Hello！你们在这，真棒啊！Hello！有你们在，真棒啊！

除了这些问候仪式以外，幼儿园里还有数不尽的仪式。通常幼儿园的老师都知道各式各样有效的仪式，也很乐意和家长们分享，所以如果你需要，或是想知道有哪些幼儿园的仪式是你可以在家里执行的，就去问问他们吧！

下面还有两种幼儿园的仪式。

> "降临节[1]时期，孩子们喜欢举办'小小喝茶时间'，他们可以选择要喝的茶，而且也会像老师们一样，拿到一个大杯子。孩子们很享受这个活动，选好茶之后，一起围着桌子坐下，接着津津有味地慢慢啜饮热茶并闲聊。这些平常总是匆匆忙忙的孩子会很有耐心地坐下来，边聊天边等茶泡好。所有老师都觉得，让孩子们加入这项仪式效果非常好。在圣诞节前夕这段忙碌的时期，这个仪式可以为我们带来些许清静。为什么我们不在平时也进行这种仪式呢？在降临节的小小喝茶时间之后，孩子们告诉我们，他们希望这个仪式在冬天与圣诞节前夕这段时间举办就好。虽然只要想做随时都可以做，但是这样的话，这个活动就一点也不特别了。"

> "生日时，寿星会坐在'生日椅'上，所有人一起唱歌，桌上有蜡烛和蛋糕。寿星的礼物会被藏起来，他得把它找出来。这天

①圣诞节前的四周称为降临节，简单来说就是一段为圣诞节做准备的时间。

对寿星来说很特别，因为他有权利决定所有事，他可以决定要吃什么，要玩什么，或者在幼儿园里做哪些特别的事……”

幼儿园放学喽

放学后，你开心地去幼儿园接孩子回家。请对孩子露出笑容跑向他，展开双臂好让他可以飞奔到你怀里。这时，在你们再度团聚的地方，请让孩子交回那个你离开前给他的“日间陪伴物”，因为它只是为了分离的那段时间而准备的。

问问孩子今天发生的事，例如“今天过得如何”“玩了什么好玩的游戏”“和谁一起玩”，等等。

请称赞孩子在幼儿园里度过了爸爸妈妈不在身边的一天，主动和他聊聊这一天。

幼儿园的最后一年

孩子在进入小学之前，留在幼儿园的最后一年中，你会发现幼儿园给予孩子的教育明显变得不一样了。老师会努力让所有孩子在进入小学时，有个好的开始，例如“可以使用铅笔”“上学路途训练”“数字训练”等。当然，训练的课程会因幼儿园而异，不过基本上所有的孩子在进入小学前所要学会的事项，都有一定的标准。所以，如果有孩子跟不上，那么在入学前老师就会进行加强教育。

另外有些幼儿园也会举办测验，测试每个孩子在生理以及认知方面的发展是否符合年龄。某些学校会举行“学校游戏”，游戏时大班的孩子们必须完成不同的个人任务或团体任务，同时老师也会在一旁观察，好了解孩子的各项能力是否足以负荷小学的教育。

对你的孩子来说，这会是一个精神紧绷的时期，他会发现即将面临大变化，而且也知道，不久后就会离开那个他所习惯的幼儿园环境。对孩子来说，他还不能完全了解什么是上小学。我女儿在这个年纪时，我们会玩学校游戏，借此让她了解小学的日常大概是如何进行的。在游戏中她也要认真“学习”各个学科，等到休息日，我会让她休息或带她到校园里玩耍。通过这样的游戏，可以有效消除孩子面对新状况时的恐惧。

“我们幼儿园会特别为即将上小学的孩子，安排额外的任务。老师们想借此让孩子学习承担更多的责任，并让他们知道，我们相信他们可以做得到。因此，这些孩子能非常快地感觉到自己要进入新的阶段，并且觉得自己‘长大了’。这些任务每周都不一样，其中也包含了‘接电话任务’——当电话响起，孩子得过去接，同时要报出自己的名字。”

从幼儿园毕业了

幼儿园时期的结束，意味着孩子人生中第一个重要的里程碑式的学习阶段结束了。他将成为真正的学龄儿童，不再是一个小小的幼儿园小朋友，而且会越来越成熟，越来越独立。

通常幼儿园时期结束时，会在幼儿园内举办盛大的庆祝仪式。

“我们的‘小学生们’有一场一日游的活动。所有孩子的父母和祖父母，都会被邀请来参加庆祝宴。所有人一起在园里烤肉，用过餐后，孩子们会得到一本书，书中有许多孩子画的或自制的图片，还有在幼儿园一起活动、庆祝时拍的照片。接着由孩子们演出一场事前排练好的舞台剧，然后我们会把父母们‘赶’回去，因为我们还要和孩子们一起在幼儿园里办一场过夜派对。”

作为父母，你也可以通过其他仪式，来为孩子这个重要的阶段做个留念。

幼儿园毕业前，孩子应该有一个每天带去幼儿园的书包。也许你们可以一起思考，是否还要继续使用这个书包，或者要把这个书包送给某个会好好使用它的孩子。

幼儿园纪念册

和孩子一起制作一本色彩缤纷、闪闪发光的纪念册如何？在里面放入幼儿园时期的回忆，包括各种活动的照片，孩子画的漂亮图画、劳作，或幼儿园活动所颁发的证书，这对孩子来说一定会是纪念这段美好时光的绝佳方式。

Chapter

12

终于上小学了

请运用有帮助的仪式，让孩子将上学变成一场美好且成果丰硕的体验吧！该如何做呢？这个章节将仔细说明。

时间过得真快，孩子好像才刚出生没多久，却已经上完了幼儿园，马上就要进入小学一年级了。上学肯定是孩子生命中的一场重大的变化，从此时开始，孩子会察觉自己在学校和老师共度的时间会比在家里和父母在一起的时间还要多。一个充满爱与支持的家，可以让孩子对上学这件事感到轻松许多，你可以事先慢慢地帮孩子做准备。例如，告诉孩子有关你过去求学时的事，不要说那些吓人的事、写不完的数学作业以及自然老师有多讨厌。请试着回想那些你经历过和学到知识的美好事件，比如交到哪些朋友，求学时光过得有多快乐，以及上学其实很不错的感想。

为第一天上学做准备

有些小学在开学前，会举办让新生认识班级的活动。活动当天孩子会认识老师，也可以看看教室和班里的同学，或者和认识的同学一起玩游戏，也许还会分配座位并且交到第一个朋友。如果孩子未来要上的学校安排这样的活动，请务必善加利用。这可以让孩子在开学前就清除掉孩子必定存在的小小恐惧，或许会让第一天上学少流一点眼泪或根本不会掉泪，因为他已经知道将会发生什么事了。

为上学所做的准备中，当然也包含练习如何上学或和孩子讨论怎么上学。父母可以在入学前的假期好好地训练孩子，也可以找找有没有一起上学的孩子，这会让孩子在上学的第一周获得更多安全感。当然，在初期你也可以陪他一起去学校。

入学礼物袋[1]

请和孩子一起为这重要的日子准备入学礼物袋。让孩子决定礼物袋的颜色和外形，和家长一起把材料裁剪、粘贴起来。入学礼物袋做好后，请将它妥善收好，这样袋子才不会在第一天上学前就坏掉。

在孩子入学的前一天，偷偷在礼物袋中装入孩子喜欢或所需的物品，最好不要太重，因为孩子一定会想自己拿袋子。

入学礼物袋该装什么呢？

- 特别的铅笔。
- 手表。
- 小安抚玩偶。
- 贴纸。
- 漫画。
- 一袋棉花糖或其他甜食等。

在入学当天把想带的东西拿出来带到学校，剩下的等到放学回家后再取出，那么就能将礼物袋清空喽！

---

①在德国，父母普遍都会在孩子进入小学时准备入学礼物袋（自制或购买现成的），以庆祝孩子正式入学，袋中装有文具、安抚玩偶、糖果等物，孩子会在正式入学当天带着礼物袋到学校去。

入 学

进入小学对所有孩子来说，都是迈向成长极为重要的一步。在通往入学的这条路上，还有许多为了这个重大的日子而需要准备的事情。

其中一件重要的事便是买书包。许多德国家庭传统上都会由祖父母来购买书包，这当然是一种很棒的传统，同时也解救了父母的钱包，因为一个好的书包可是相当贵的。不过不管价钱如何，重要的是，必须事先让孩子试背，并选择适合孩子的书包。德国有些幼儿园会举办“书包派对”，由专业销售员带来所有常见的品牌，让孩子试背，工作人员会为家长提供专业意见，告诉家长哪种样式最适合自己的孩子。请在选择书包外形时，也让孩子一起决定，每个孩子都应该找到他喜欢的那一个。

入学当天对你和孩子来说，都是很令人兴奋的。也许你可以帮孩子为这特别的一天买套新衣服，并且让他自己选择。你也可以邀请孩子的祖父母一起陪孩子去学校，提前碰面并拍几张漂亮的纪念照片后，再一起上学。

学校通常都会在入学当天举办入学典礼，让这特别的日子充满气氛。请鼓励孩子独自踏出通往这人生新阶段的第一步。如果孩子有一起入学的朋友的话，那踏出这第一步就更容易了。

上学第一天通常只有几小时，一年级新生们可以在这段时间，更深入地认识他们的新班级。很快学生们又能回家找爸妈了。

请事先和孩子一起思考，是否要在这天做些特别的事。我女儿入学时，我们全家人午饭时一起烤肉，然后还邀请朋友带着他们的孩子来吃蛋糕。

今天在学校过得如何

当上学逐渐成为孩子日常生活的一部分时，父母就可以再度使用道别仪式了。孩子要去上学时，请给他一个道别吻以及美好且快乐的道别语。请不要对他说一些如“注意听老师讲什么”“快出发，不然会迟到被老师骂”“希望你这次考试能考好一点”等老套的话。

最好能祝福孩子：

> “在学校玩得开心！”
>
> “我很期待，你今天会遇到什么新鲜事回来和我分享。”
>
> “上学愉快！”

道别语拥有正面且让人精神振奋的效果。让孩子一边想着数学作业一边道别，甚至是一大早就和孩子有争吵，这些都不太好。

即便是放学后的问候仪式也应该友善且正面。绝对不要用“考卷发回来了吗”“不要吵”或“你看看你的样子”这样的话来问候孩子。你希望在度过辛勤工作的一天后，被人这样问候吗？当然不。那么，何不这么说：“欢迎回家，餐桌已经摆好了，美味的食物正等着你去品尝！”若能再加上一个吻就更好了。

孩子到家后，先让他吃点东西。午餐和晚餐过后还有足够的时间，可以让孩子说说学校的事。当然，如果孩子立刻就想说，那么请你好好聆听并且不要打断他。

> “我女儿放学回家后，第一件事是放下书包，然后脱掉鞋子和夹克，我会紧紧拥抱她，听她说学校的事。她会告诉我今天上

了哪些课，每堂课做了什么，班上其他小孩怎么样，以及老师要告诉家长的重要信息。这个仪式对我来说非常重要，一方面让女儿知道她对我来说有多重要，另一方面也可以让我大致了解她在学校的状况。”

有些孩子天生就喜欢说话，而有些孩子需要父母很努力地引导才愿意和父母对话。

如果你每天得花很多时间通勤，那么你一天下来多半没什么时间陪孩子。你可以在晚上上床时，制造一种很棒的仪式。在讲故事之前，回想一下自己这一天过得如何，告诉孩子你一整天都做了什么，也让孩子说说学校发生的好事和坏事。

在你没有太多工作的日子里，这种交流当然能提前在午餐时就开始。

简单又有效率地完成家庭作业

家庭作业在许多人家里是造成父母经常和孩子冲突的主要因素。你或许还清楚地记得，自己以前有多么不想写作业。

或许你已经借由经验得知，拖延写作业是没有意义的，拖得越晚，孩子会越难集中精神。所以，关于写作业也要在每日的时间表上安排固定的时间，并且尽可能地遵守。当然，也是可以有例外的，比如孩子生日。

“在我们家，我儿子在午餐过后可以先休息半小时，玩或做他想做的事，结束后就得开始写作业了。”

为了让写作业顺利进行，你可以将作业和奖励系统结合。举例来说，拟定一份家庭作业计划表，好好做作业（不用大声责骂也能照规矩做）的日子，就可以在计划表上盖个章。如果一周结束后盖过章的天数比没盖章的多，那么就一起去做些好玩的事，可以去游泳、逛动物园或者到室内游戏场玩等。

通过这个简单的仪式，孩子拖延写作业的情况通常都会明显减少。

如果你的孩子放学后会去辅导班，那么从辅导班回家后，有个固定的仪式也是很重要的。孩子的家庭作业有时在辅导班就能解决，如果回来后还有时间，也许你可以和孩子进行一个“共享可可”的时间，让他说说自己的事情，或请孩子拿出作业让你看看。如果还有不清楚的内容或必须准备的小考，可以陪孩子做。这段时间也能加入一些好玩的活动，比如邀约朋友或到户外去玩。

害怕上学：以仪式战胜成绩压力与学习障碍

害羞的孩子容易产生“上学恐惧症”。虽然有些孩子天生适应力强，而且勇于做新的尝试，但即便是这种“勇敢”的孩子，也可能被“上学恐惧症”缠身。当孩子恐惧上学时，你先要试着找出原因和解决办法。请尝试和孩子谈一谈，也许他会愿意告诉你为什么不想上学。如果你从孩子身上问不出答案，或者你不确定孩子所说的真实性有多大，你也可以问问他们班主任。当然，这并不是要你怀疑孩子，而是因为这个年龄段的孩子有着天马行空的想象力。有时候当我聆听女儿述说学校发生的事情时，她会在那些无止境吵来吵去的事当中，夹杂着“我们今天在校园里看到了一只花豹……”之类的话。所以，有的时候你需要听听这些事件的另一种说法。你最了解自己的小孩，因此可以最先评估出什么最符合现实。

当你发现原因后，你得增强孩子的信心，消除他的恐惧，让孩子相信所有难题都可以解决。要怎么做呢？请试试以下的建议，并和孩子一起发展出属于你们的仪式。

战胜恐惧

让恐惧消失

让孩子把他的恐惧写下来或画下来，然后撕毁，以此象征恐惧已经消失了。

防身术课程

和孩子一起去上防身术课程。这可增强孩子的自信心，而且孩子也会觉得自己的身体变强壮了。他会知道，在让他不舒服的状况下，是有能力保护自己的。

角色扮演游戏

借由角色扮演游戏来让孩子练习，让他知道在那些他害怕的情境中，他可以怎么做。练习到孩子觉得熟练且能获得安全感为止。

魔法石

让孩子找一块可以放在书包里的“魔法石”，告诉他“魔法石”会给他力量，并且保护他不会被任何他不喜欢的事物伤害。

读相关的故事

米歇尔·恩德[①]（Michael Ende）所写的《汉纳斯·施特罗寇普与看不见的印第安人》（*Hannes Strorhkcpp und der Unsichtbare Indianer*）的故事中，汉纳斯·施特罗寇普不管在学校或在家里都觉得不好过，直到叔叔从原始森林寄来了一种神奇火粉末……也许你可以和孩子一起读读相关故事，创造与书中相仿的仪式，在孩子恐惧时借此帮助他。

如果你确定某种东西或行动对孩子有效，那么就请你把它变成一项仪式吧！

最重要的是，让孩子不断地了解，你是很认真地看待他的恐惧和烦恼的，而且你非常爱他。

①德国作家，著有举世闻名的青少年小说《说不完的故事》。

面对考试的仪式

当孩子遇到随堂测验和考试时，也是可以用仪式帮助他的。固定的上床时间、特定的早餐、特殊的衣着，或是出门考试前在浴缸里点一根蜡烛等。重要的是让孩子相信，做这些可以让他变得更厉害，让他知道他可以办得到。

孩子准备随堂测验时，你可以这么做

· 让孩子知道无论他的成绩如何，你都爱他。如果你给孩子压力，会让他没有动力。

· 如果你发现孩子很认真地在准备考试，但是却没取得好成绩，还是要称赞他，同时鼓励他下一次会更好。

· 请在家里为孩子营造出好的读书环境。在乱七八糟又嘈杂的房间里读书或做作业是不会有好效果的。请让孩子在整洁的房间里读书，同时排除不必要的干扰。

· 请打开窗户让房间里充满新鲜空气。大脑需要氧气才能工作，可以让孩子在读书前先到外面玩一下，或者让房间里充满足够的新鲜空气。

· 如果孩子在拟定读书计划上有困难，请和他一起制作计划表，同时注意要让孩子有足够玩耍和做他感兴趣的事情的时间。因为如果没有这种正面的平衡，他会觉得枯燥而让读书变得更困难了。

· 有些孩子是用全身的感官在读书，你可以在他读书时点一根他喜欢的香氛蜡烛，这会让孩子产生正面的感受。也可以小声播放轻音乐，给孩子一些果汁、水果等。

· 有些孩子无法专注读书，是因为脑中有其他事困扰。孩子有这种情况，在读书之前让他稍微放松一下，对他能专心读书会有所帮

助，例如陪孩子来一趟幻想之旅。

·如果孩子必须准备大考，但是因为有太多书要读，不知从何下手时，建议你和孩子一起将要读的内容分成小单位。如果你经常和孩子一起这么做，日后他便能够自己使用这个方法。

另外，索引分类盒也是读书的好帮手，大部分的学校都会将它运用在课堂上。

小学毕业和继续升学①

当孩子的小学时光逐渐接近尾声时，他们的生活又会再度面临许多改变，该如何协助孩子去适应呢？父母还得考虑孩子应该读哪所学校。下面的内容将帮助你为孩子找到适合的学校，以及如何以最理想的方式帮孩子做准备。

如何为孩子找到适合的学校？

请跟孩子的老师讨论，他们能帮你评估出孩子最适合哪所学校。

请去参加孩子想读的学校所举办的参观校园活动，和孩子一起看看环境。特别留意孩子在那里的感受，通常第一印象就能透露出很多事情了，若有试听课程的话，也会很有帮助。

另外，学校的选择常取决于上学的便利性，最理想的莫过于孩子不用花太多时间，就能骑自行车或坐公交车到学校。如果孩子上学必须花超过一小时并且需要转乘不同的交通工具，那么这所学校从长远考虑肯定不会是个好选择。

对孩子来说，继续和他的朋友一起读同一所学校，一定也很重要。

①德国的学制是四年小学后，必须选择要继续迈向大学的文理中学、中等程度学生就读的实科中学，或者为将来的职业做准备的职业中学。

当小学时光的最后一声钟声响起时，孩子们必定很难过。现在，这段美好的时光就要结束了，请接受孩子的眼泪，也许你可以和其他家长一起想想，做个道别礼物给老师们留念。

还有哪些事要做呢？

· 在新学校开学前训练孩子走新的上学路线。

· 如果孩子将来要骑自行车上学，请事先了解一下，是否有其他孩子路线相同，这样的话，孩子们便可以相约一起骑车上下学。我们的一位作者说："我们常常在不同的地方遇到，在我上学的路上，有超过八个人和我一起骑自行车上学。"

· 开学之前，家长通常会收到一张书籍和其他教材的清单，这些东西必须在开学前准备好。请和孩子一起完成这些事，也许买完书可以顺道去吃个冰淇淋，好让转换学校这件事变得特别。

· 你的孩子现在已经比当初进入小学时大得多了，也许他有了更成熟的想法。你们可以一起去添购新的书包或上学的背包，这会让孩子再次明确地感受到改变。新书包当然得配上新的铅笔盒，也许孩子现在会想换一个圆形笔袋，请务必让他一起决定这些事吧！

· 新的学校一定有与小学全然不同的规定，可能上课时间不同，上课节数增加了，学习的科目也和以前不一样了。请事先让孩子做好心理准备。

"对我来说当时最大的变化在于，我突然得习惯一个新的仪式，必须在老师进入教室时，站起来大声说'早安，维普曼先生'。"

Chapter

13

放长假喽

放假是一段最令人期待的时间，全家人可以一起去度假，大家都想趁机多一些体验，并和孩子一起做很多事。但除此之外，你们也应该花时间促进夫妻感情。假期当中的小仪式会让假期更有趣。

请构想一些你们自己的仪式，通过这些仪式让你和孩子可以一起展开假期。例如，提前整理行李、一起看旅游书或在地图上寻找旅游路线。

“我们会在学期结束的那一天一起去吃比萨，以此宣告假期开始。这仪式也有其他家庭会使用，因此常常看到熟悉的面孔。”

“放假的第一天我们会一起整理书包，清理掉不再需要的书或作业本，接着把书包收起来，这么一来放假时就真的不必再去想学校的事了。”

“假期开始时，我女儿会举办一场花园派对，她会邀请许多朋友来，孩子们在户外泳池里玩耍，最后还会一起烤肉。许多孩子放假时会到别处度假，因此这也是一个和朋友们道别的好机会。”

期末成绩

放寒暑假之前，父母会拿到一份孩子的学期总成绩。如果孩子获得了好成绩，就应该得到相应的奖励，毕竟他完成了一件很棒的事。某些家庭会用金钱、电影票或是一个大大的吻作为奖励，孩子的成就和努力绝对应该得到相应的认可。但孩子的努力不只显现在他得到的优秀成绩中，有时在微小的进步里也能看得见。

当你决定好实施某种奖励方式后，应该在往后几年里持续做下去，把它变成一种仪式。

如果孩子的成绩并不理想，那么先和他一起把这份“坏成绩”示威似的放在书桌最下面的抽屉里，并说：“现在在放假，怎么才能让下个学期更好，我们下学期开学前再一起来看看。”这也是一种很棒的仪式。当然，在这里我们祝福所有孩子都能取得好成绩，不会让父母将这种事情一再重复，以至于变成一种仪式。

出外旅游

放长假对很多家庭来说意味着能出发去度假。

“在荷兰度假时，我们总会盖一座沙堡把我们的泊船点围起来，然后用贝壳来装饰它。”

对成年人来说，可以认识一个新的国家并脱离日常生活，是件很快乐的事。但是对孩子来说，到一个陌生国度度假，因为没有朋友一起玩，最坏的情况有可能会变成他心里一次“令人讨厌的假期”。原则上来说，孩子是倚重习惯的，熟悉的地方以及符合期待的场所会让他们觉得愉快。

当然也有孩子天生就具有冒险精神，相较于在新环境中较害羞、保守的孩子，这些孩子会更喜欢旅行。

请为孩子做好度假前的准备。可以事先和孩子一起阅读旅游书，如此一来，孩子便可以先在心中描绘出度假地点的样貌，也许可以在度假之前和孩子一起想想，要去哪些地点玩，要做什么。如果孩子年龄较大，也可以查阅地图或地球仪，一起看看你们要去的度假地点或国家位置在哪里。

在度假的地点附近，有当地的特色餐厅吗？你可以事先了解一下当地的特色菜肴，也许在餐厅里你们还可以向本地人了解一些景点的信息。

或者你能够事先拿到一份食谱，自己煮一些当地菜肴，并自制一面那个国家的国旗装饰在餐点上。

整理行李

在即将出发度假前，你应该和孩子一起整理行李。请和孩子一起决定行李要装些什么。父母要注意的是，是否带足了适合当地气候的衣物。

> **行李里面还要为孩子装些什么？**
>
> 玩具、念给孩子听的书，也许还能带一些小型桌游和绘画用具。孩子最爱的安抚玩偶绝对要带，万一孩子想家，这个玩偶能带给他安全感。

到异国旅行

在一个陌生的国家里，起初一切都不一样。它看起来很陌生，闻起来不是习惯的味道，那里的人也许说的是另一种语言。这些可能在一开始时，会让孩子有些害怕，请给他时间静静地观察周遭环境。如果你们晚上才到达目的地，最好不要立刻送孩子上床睡觉，即便到了他习惯的睡觉时间，你们也应该一起看看住宿的地方，看看谁要睡哪里，浴室在哪里。因为再也没有比半夜醒来，完全不知道自己身在何处还要可怕的事了。

> “我们度假时，到饭店后第一件事就是打开行李箱，大家各自整理自己的东西，因为这样才会知道自己的东西放在哪里。只有整理衣服时，在我儿子把所有衣服揉成一团丢在角落之前，我会帮他忙。”

为了正式宣告开始在异国度假，你和孩子可以在第一天或最晚在第二天去尝尝当地的食物。

“一样？不一样？”的游戏

你知道“一样？不一样？”的游戏吗？孩子很喜欢这个游戏哦！和孩子一起在住宿的地方走一走，看一看，仔细地观察床、浴室等，然后和家里做个比较吧！

想　家

也许你和大部分人一样会认床，因此度假时总需要一两天才能安然入睡。我们在陌生的环境中必须先习惯一下，这是一种“想家”的情形，想念熟悉的、习惯的物品，床只是引起这些感受的其中一个因素。

对于想家这件事情来说，成人的感受与孩子的感受是截然不同的，因为我们经由人生经验得知，度假的意义以及如何面对变化。但你的孩子还（非常）年幼，现在却必须立刻去熟悉一个完全不同的环境，一切对他而言都显得非常陌生。

由于孩子还没学会如何面对新环境，因此通过仪式给予孩子力量和安全感，这点非常重要。那么，该怎么做呢？

请努力在度假时维持和家中一样的日常仪式吧！简单来说，就是保持固定的顺序。例如，在家时都是吃过早餐后才梳洗，在度假时也请这么做。或者你在家时晚上会在床上讲故事给孩子听，那么在这里也要一样。这些已习惯的程序会带给孩子更多安全感，因为他知道接下来会发生什么事。

如果孩子难以适应改变，请认真对待孩子的感受，不要不当一回事。请承认你也会想念某些家里的东西，但是度完假后，因为回到家而开心，也会是很棒的感受。

当孩子想家时，孩子最爱的安抚玩偶和书籍或许能帮得上忙。除此之外，你们可以一起写张明信片寄回家，然后一起想想度假时有什么很棒的事，这么做孩子一定会觉得好过多了。

如果孩子在新环境中认生，请让孩子睡在你们床上，毕竟你们是他度假时唯一熟悉的人。

> “在度假时，我的父亲总会在晚上为我和哥哥讲晚安故事。这些故事是他自创的，其中一个主角叫‘呼呼蚂蚁’。有的时候要过很长一段时间，爸爸才会继续讲后面的情节。虽然故事内容，那些起承转合，全都是他实时编出来的，不过我们还是被爸爸的故事完全迷住了。这项仪式永远是度假时的重点，而且‘呼呼蚂蚁’的故事也真的只有度假时才听得到。”

举例来说，如果孩子非常依赖奶奶，你甚至可以带一张孩子奶奶的照片去度假。这样孩子可以把照片拿进房间里，或者放在枕头下面，晚上时对着照片说说今天做了哪些很棒的事。如果电话费不会贵得惊人，也可以每晚打个电话给奶奶，向她报告今天的事情。

勇气石与思乡石

你知道“勇气石”或“思乡石”吗？简单准备一块漂亮的宝石，或者和孩子一起找一块上面有洞的石头，让孩子绑上绳子或链子。

孩子独自去旅行

孩子第一次在没有父母的陪伴下去旅行，一定是一个很特别的状况（若之后每年持续如此，也能是一种很棒的仪式）。也许他是去拜访住得很远的祖父母，或独自和祖父母一起去度假。当孩子更大一点，也许他会和朋友一起旅行。这类旅行是训练孩子独立的绝佳机会，而且通常孩子会在当地交到朋友，收获美好的旅行体验。当孩子够大时，可去问问在你所在的城市是否提供这种旅游行程，某些协会、学校或旅行社都会提供。行程简章会详细列出所有活动。

想家时的帮手

当孩子想家时，有一个很棒的方法就是，交换安抚玩偶。在度假时，和孩子交换安抚玩偶（拿来交换的不能是孩子最喜欢的玩偶，那个玩偶得一直陪伴他）。在孩子要出发去度假的前几天，两人都必须为那个要交换给对方的安抚玩偶“注入”满满的爱，那么这个玩偶才能一点一点地把这些满满的爱释放出来，借此在想家时帮上大忙。

在孩子的行李箱里放入秘密的小惊喜，例如一封信、一张你自己的照片、让孩子每天可以吃一颗的小熊软糖，等等。

当假期接近尾声

大约在学校开学的前一周，你就应该重新把闹钟调到接近孩子上学时的起床时间。这么做可以避免孩子在开学的第一周，因为假期习惯晚起而在学校没有精神。

请和孩子一起检查书包。铅笔都削好了吗？还缺什么东西呢？请一起翻看一下新学期要用的书和作业本。新学期有哪些有趣的课程呢？也别忘了检查孩子替换的衣物。运动鞋和运动服还可以穿吗？如果缺了某些东西，你还有足够的时间在开学之前慢慢准备。

旅行照片集

你知道电影《天使艾米丽》吗？电影里有一项很美妙的仪式，或许你也会喜欢。在旅行时带上一个小玩偶，在每个度假地点为它拍张照片。这可以成为孩子的仪式，让他在所有景点（例如不来梅的音乐家雕像或埃菲尔铁塔）都帮他的这个“旅行安抚玩偶”拍照，或者你也可以帮孩子和他的玩偶一起合照，抑或是和玩偶一起照张全家福。

网络上已有许多这样的照片出现，像是在世界各地留影的软糖小熊，或是陶瓷娃娃等。你可以决定要怎么做，我相信你和孩子都会很开心，而且还能一起发展出专属你们的“度假照相仪式”。如果只有身为父母的你们去旅行，那么寄张“旅行安抚玩偶”的照片给孩子，也是种很棒的仪式。不过，你们不能带走孩子最爱的那个安抚玩偶，那个玩偶应该永远待在孩子身边。

有人会在不同的城市拍下脸部表情全都一样的照片（瞪着眼咧嘴大笑，等等）。环顾一下身边有什么东西吧，请发挥你的创意。

Chapter

14

和家人共度四季

通过仪式自动构建出来的不只是每一天，还有一整年。冬天烤一个姜饼屋并装饰它，春天彩绘复活节彩蛋，还有夏天的端午节和秋天的万圣节变装。这些每年都会重复，形成重要路线并让人充满期待和喜悦，同时也提供了我们传递习俗和传统的机会，让孩子们借此了解我们的文化。

请和孩子一起宣告每个季节的来临，并将之变成一种固定的仪式，让孩子能够借此调整自己去适应每个季节，并且为那些季节中的变化而感到高兴。

每个季节都有特定的歌曲，你的孩子也许会在幼儿园里学到这些歌。请和孩子一起在那个季节中欢唱属于当季的歌曲，例如《春神来了》就特别适合春天。

请在各个季节和孩子一起制作装饰品或手工，可以是“季节性桌饰”，或缤纷的窗饰，和孩子共度各个季节的活动吧！

春　天

“阳台被整理过了，花盆更新过了，我总是通过这些来确认冬天终于过去了，春天来了。打扫与处理垃圾一点也不有趣，但在花盆里种东西却很棒。爸妈会在前一天开车去苗圃选花和其他植物，我可以跟着去，而且也可以自己选一株。我通常都选西红柿苗，我会帮西红柿苗浇水。种出来的第一个西红柿一定是我的，我会切片夹面包吃掉。我的父母总是充满嫉妒地看着我的美味西红柿。”

什么事物专属于春天呢？是那些慢慢开始冒芽的小花，还是一缕掠过鼻头的阳光？你可以和孩子一起在花盆里种下花种，然后把花盆放在窗台上，每天观察它的变化。若孩子年龄较小，第一次做的时候，建议种长得快的水芹菜。若孩子年龄较大，你可以和他一起改造花园或阳台，并且购买新的植物回家种植，如果家中没有大花园或阳台的话，也可以种在小花盆里，摆放在家中。

和孩子一起做一次春日大扫除（包括儿童房）会是种很棒的春天仪

式，你们可以一起让阳光洒进屋内。请和孩子一起为这个季节准备好自行车，测试一下溜冰鞋还合不合脚，或把滑板从地下室拿出来。

用色彩缤纷的复活节彩蛋装饰花园里的灌木丛，也是种很棒的春天仪式。或是和孩子一起制作一个漂亮的饰品，把家里装点得更加温馨。

请和孩子一起想想，看看你们还能想到什么。

夏　天

“每年暑假我都可以和弟弟在花园里露营一个星期。这个露营周绝对是整个夏天最令人兴奋的时间，我所有朋友知道后都很羡慕。直到今天，每当我想起和弟弟一起笨拙地把空气从气垫床里放出，都还会忍不住大笑，那真是一段很棒的时光。等到我的孩子够大了，我也要和他在花园里一起过夜冒险。”

“每当夏天来临，我都会和女儿一起整理她的衣柜，把所有温暖的冬衣往后放，把夏天的衣物放到前面。我们还会一件一件试穿，看看哪些衣服还合身，哪些可以送人。这是一件非常有趣的事，会让我们一直大笑，尤其是能好好看看她在过去这一年长高了多少。整理完后我们还会一起去给她买些新衣服。”

也许你也可以让看星星和对着流星许愿变成家中的仪式，通常报纸上会刊登流星雨的信息。据说在看到流星的瞬间对着流星许愿的话，所有愿望都会实现。不过这个愿望不能向任何人（也许对较小的孩子来说，父母可以例外）透露，这是一个属于自己的小秘密。

在周六和孩子一起逛逛市集吧，看看摊位上的新鲜蔬果，这也可以是个很棒的仪式。或许你们可以一起找些不同的水果，过个“水果日”。

在这个炎热的季节，意味着大家只要有机会就要“跳进凉爽的水里”，我们周末的家庭活动通常都会移至露天泳池或人工湖里。

夏天当然不是只有户外的休闲活动，你也可以在家里装点一些当季的花朵，和孩子用一个特定的花瓶来插花，这也是一个美好的装饰小仪式。

秋　天

“我们家附近有一个旧公园，里面种了很多栗子树。在秋天我和妈妈还有我家的狗会一起去那里找最漂亮的栗子，然后用那些栗子和火柴做成小人偶，摆放在架子上，直到栗子彻底干掉。直到现在我还是很喜欢刚剥壳的新鲜栗子。”

秋天特别适合和孩子去散步，边散步边捡一些树叶、栗子、橡果等东西，回家后再将这些捡到的宝物做成动物或漂亮的室内装饰或窗饰。说不定你也喜欢采集蘑菇。如果有这类活动，就带着孩子一起去吧。

你曾在雾中散过步吗？这对孩子来说也会是个很棒的体验，或许你们会想把它变成每年秋天都会执行的秋日新仪式。

“我们家会在某个周末开车到近郊去找树上的槲寄生，找到槲寄生的人就要大喊：‘槲寄生警报！’接着大家就会朝他跑去。爸爸会试着把槲寄生从树上取下来，当然不是每次都能拿到，如果成功摘下，我们就会开心地去吃胜利薯条，如果失败了，那么就吃安慰薯条。对我来说无论最后吃什么，这都是很棒的一天。直到现在，每当我在市集看到槲寄生树枝时，都会购买一小根，并想念起我的父母。”

此外，你也可以和孩子一起修剪花园里的树木和灌木丛。给孩子一把他专用的植物剪刀（当然要等他长大了并且会使用时）让他自己修剪。为了安全起见，请事先告诉他哪些灌木丛可以让他好好“发泄”。你将发现，这个工作会为他带来许多乐趣。

其他秋日仪式

做风筝

给自己做一个风筝肯定是件很棒的事。商店里有很多物美价廉且组合简单的自制风筝，用这些做风筝的材料，可以做出最棒的风筝。当风筝第一次飞起来时，大家都会非常开心。风筝通常只能用一季，来年往往都要重做新，因此也能成为一项很棒的秋日仪式。

万圣节

在万圣节时，刻南瓜这个习俗非常受欢迎，你将会诧异于爸爸们是多么喜欢雕刻一个“令人毛骨悚然的南瓜”。某些家庭会让所有家庭成员各刻一个南瓜，在南瓜里放一根小蜡烛让它发亮，然后把它们全部放在大门口。

烤苹果

还有一个很棒的，你不应在秋天错过的仪式，就是烤苹果。秋天在苹果上市时，就是自制好吃的烤苹果的最佳时间。孩子可以帮忙填入馅料并在开烤前淋上香草酱。

冬　天

迈向冬天时又需要再次整理衣柜了，把夏装与冬装交换位置，而且还要试试孩子们去年的冬装还能不能穿。

“我们家会一同前往溜冰场，以宣告冬天来临。即便天气还不是很冷，但在溜冰场溜冰很快就会让人有冬天的感觉。在冬天的周末，我们也会一起喝杯热可可，吃自己烤的手工饼干。”

“对我来说，有个非常棒的冬日仪式，就是整理院子里的鸟屋。冬天来临后不久，我被任命为家中的鸟屋管理员。我以此为傲，并且从那时开始，每天我都会在清晨或晚上给鸟屋补满饲料，然后把地上残余的饲料扫干净。周末时，我会和爸爸躲起来观察那些鸟，并拿图鉴对照。某年我生日时，爷爷送给我一个小望远镜，那真的是一个最棒的礼物了，我整个周末都将它举在眼睛前。除了鸟之外，松鼠也会让我很兴奋，它们偶尔也会跑到家里来。现在我们马上要盖一个新的鸟屋了！”

除此之外，冬天也是制作灯笼、提着灯笼出门的时节，通常幼儿园会制作简单的灯笼，你可以抽时间和孩子一起提着灯笼去冒险。

在冬天制作漂亮的窗饰（如雪花等）以及圣诞树饰品，天气好的时候，你可以和孩子在户外堆雪人、做因纽特人的冰屋、滑雪或一起打雪仗。

“每年冬天下初雪时，我们会试着堆一个雪人，当雪多到足够堆大雪人时，我们会一起为它做个漂亮的脸，最后由我把胡萝卜鼻子给它装上。在家门前堆个雪人，雪人就会保护我们。”

“滑雪是我们家冬天的大活动，我们会在前一周就把雪橇从地下室搬出来，然后在车库里试坐。等到山上铺满白雪，我们会边吃早餐边开始准备许许多多的圆面包，并在保温瓶里装入热可可和咖啡，穿戴好手套、保暖夹克和厚厚的鞋后出发上路。最重要的是，别忘了带装有创可贴和手帕的急救箱。那真的是段让我无法忘怀的日子。当天晚上我总是累坏了，手脚都冻僵了，不过这些我都不在乎。在玩的时候如果爸爸滑倒了，我们几个孩子会在一旁笑得乐不可支。冬天怎么可能不滑雪？滑雪是一定要的啊！”

或许你也可以和孩子一起装饰圣诞树、烤个姜饼人或做个花环。

“我的父母认为耶稣诞生塑像很重要，爸爸把耶稣诞生的马槽模型从阁楼上拿下来安放在客厅，这在我们家是一种庆祝仪式。‘玛丽亚’和‘约瑟夫’以及三位国王会慢慢越过房间，直到平安夜前一天才抵达马厩与马槽，‘圣婴’也会等到平安夜才被放进马槽里。我还记得自己每天早上都会去看看那些塑像走到哪里了（等我长大才知道那些塑像是我妈妈半夜去移动的）。直到现在我们家依然保留着这套‘马槽游行’的仪式，不过‘玛丽亚’和‘约瑟夫’改从大门开始走，而三位国王则是从遥远的阁楼上下来。”

你也可以先翻看下一章，因为下个章节里是关于各个季节的节庆习俗，请借此激发自己的创意吧！

你知道四季全家福照吗？

每个季节为孩子拍一张适合这个季节的照片，或是拍一张全家福照，也可以变成一种仪式。这张照片可以在家中固定的地点拍摄，以花园或其他东西当背景也可以，久而久之你就会拥有一系列很棒的照片，而且还可以逐年或逐季节比较，看看全家人都有哪些变化。

Chapter

15

特殊的庆祝活动和节日

仪式可以在许多特别的时机使用。仪式有着极大的力量，比如可以把特殊的日子变得更美好。对孩子来说，节庆是非常特别的，因为它们并非每天都会举行。一年之中最重要的日子当然就是生日！如果家族中所有人都能来参加的话，那么这个生日庆祝就更棒了！

孩子的生日

生日当天总需要将插着蜡烛的蛋糕放在装饰得很漂亮的桌子上。首先要唱《生日快乐歌》，接着吹蜡烛、许愿，然后拆礼物。受到大家喜爱的生日仪式，多半是如此或以类似的方式进行的。

有些家长会创造一套专属自己家人的生日仪式，例如，请一天假来和孩子一起做一些特别的事，或安排祖父母来访。

生日早晨

也许你会希望全家人一起唱歌唤醒“寿星”，用《生日快乐歌》来取代闹钟是个好选择，也可以在生日歌中加入孩子的名字。

在通往礼物桌的走道上沿路摆放蜡烛，这也是项美好的仪式。

如果孩子的生日在周末，那么你一定会有较多时间好好庆祝。但即便在工作日，你还是应该庆祝它，不论你有多累或者上学前的时间有多紧张：永远都应该计划一个小型庆祝活动、一种生日仪式或一顿特别的生日早餐等。庆生会则可以挪到周末再补办。

请将寿星的座位装饰一番，可以利用如花朵或自制的生日吊饰、生日皇冠等。简单来说，从早晨就开始为孩子美化这一天。生日对孩子来说是个非常特别的日子，在这种日子里，孩子应该有一个非常特别的感受。

生日蛋糕和其他美食

“我每年过生日，爸妈都会为我准备一个生日蛋糕，并点上蜡烛，而我的家人永远都会唱同一首歌。即便我已成为青少年，他们还是一如既往地这么做。我一直都很喜欢这件固定不变的事，如今我也会为我的孩子准备个生日蛋糕。”

“我最棒的生日仪式是生日蛋糕，许愿后我会一口气吹灭蛋糕上所有的蜡烛。”

黑森林蛋糕、布朗尼、装饰着聪明豆巧克力的蛋糕……这世上的寿星有多少，生日蛋糕的种类就有多少。以蜡烛装饰的蛋糕（寿星多大年龄蜡烛就有多少）也是非常特别的。

蜡烛当然也能另外单独放在一个树枝做的花环上，让寿星许愿吹蜡烛也是一个美好的仪式。

很多家庭都会让寿星决定午餐和晚餐要吃什么，例如生日汉堡、烤肉大餐或冰淇淋蛋糕等美食。

庆生会

“生日当天所有人都会变装，持蛋赛跑、敲锅、捉迷藏等游戏都很受欢迎，孩子们还会有一个自己烤的蛋糕和儿童香槟。”

“如果不是所有孩子都互相认识，我们会在一开始时先玩转瓶子的游戏。被瓶子指到的人要报上自己的名字，并说明如何与寿星认识的，接着再拆开礼物，这么一来孩子们很快就认识彼此了。”

给孩子过生日，有时会举办庆生会，他可以邀请自己的朋友来参加，原则上孩子几岁就邀请几个人。

每年都和你的孩子一起想一个特定的派对主题，将会是一个很棒的主意。例如，跳舞派对、恐龙生日会、夏日泳池海绵宝宝派对、冬季烤肉派对搭配打雪仗游戏，或是有爆米花和冰淇淋的电影派对。办派对不应该变成让其他家长瞠目结舌的奢华材料战，请善用现有的基本设备。如果你家有一个小阳台并且天气足够暖和的话，就在阳台上办庆生派对吧！派对的重点在于好心情和美味的食物。

“我女儿每年生日都能获得一个自制的生日皇冠，皇冠上会写着她的年纪。皇冠的颜色事先由她决定，其他素材则由我来找，但多半都会配合生日派对的主题。她就曾得到过有眼罩的黑色海盗皇冠、马皇冠、精灵皇冠以及各种不同的皇冠。”

其他家庭成员的生日

过生日的如果是兄弟姐妹而不是自己，孩子可能会有些嫉妒。因此，请让孩子一起参与准备兄弟姐妹的生日会，也给他一个任务，也许他会愿意朗诵一首诗、唱首歌或表演乐器。

如果你想要的话，也可以另外准备一个小礼物给他，这样他也会有特别的感受。

家族庆祝活动

“若家族中有重大的庆祝活动，如爷爷的八十大寿，我会得到一套新衣服好出席活动。我觉得可以穿着新衣服参加活动是很棒的事。”

如果孩子无法融入家族的庆祝活动，那么这场活动对他来说可能会是一种折磨。最简单的解决方法是，让年龄相近的孩子一起参与，但是并不是每次都能有合适的人选。在此提供几个好办法，可以让孩子在家族庆祝活动中变得更轻松愉快，尤其是当它定期被使用并且成为一种仪式时，孩子便能逐渐投入。

让家族庆祝活动成为孩子心中的美好仪式

· 如果活动地点离家不远，你可以邀请一个孩子的朋友一起去，那么孩子们就能一起玩，而且也会很开心，这样家长就不必一直听孩子抱怨无聊了。

· 活动时可以带本新的绘图本、彩色笔、贴纸书等，让孩子即便独自一人也可以忙上一段时间的东西，这永远会是个好选择。

· 让孩子一起来帮忙。孩子喜欢任务，也许你可以让他帮忙收拾桌上的空杯子和瓶罐。

当然如果其他在场的孩子都能一起帮忙的话，将会更有趣。

与宗教有关的节庆

即便许多人已经不再信仰宗教，他们去教堂是因为历史建筑的缘故，只有参观或旅游时才会去，但仍旧有许多宗教传统融入了日常生活中。

> “我的父母不太用基督教的信仰教育我，不过我们常常去旅行，所有重要的建筑物以及带有历史意义的教堂我们都会去参观。只要可以，我们都会投一点钱进捐献箱，并且为我们想感谢的人点上蜡烛。如今我依旧认为这是个很棒的仪式，而且我自己也会继续执行。”

无论你个人的背景如何，都会不断地遇到宗教仪式，也许这些仪式有些对你很重要，有些你完全不想做。可以想想哪些仪式适合你，不过请不要和全家人的意愿相悖，因为只有在大家都觉得这个仪式有趣且认同它时，它才有机会变成一个长久且正面的家庭仪式，并对孩子的成长产生正面的影响。

> “虽然我没受洗也未接受宗教教育，但我深受祷告吸引。晚上我经常会在床上祷告，我祈祷自己能获得许多我想要的东西，或者祈祷能和吵架的朋友再度和好。”

斋戒期

许多人如今已经不了解斋戒期的意义是什么了，只有少数家庭把斋戒期和某些仪式标注在他们的日历上。通常在斋戒期间，人们会放弃某些事物，如酒精、甜食、计算机、手机、网络等，请试着向孩子解释此仪式的意义与目的，并一起想一想该如何进行。或许你会希望孩子在这段时间戒掉甜食、电视等，而孩子也会希望爸爸晚上能放弃抽烟或玩手机，多陪他玩。如此一来，斋戒期便能成为全家人的一个美好且有趣的体验，重要的是所有家庭成员真的都一起斋戒，而非只要求孩子执行。

> “在我小的时候，斋戒期不是什么快乐的时光，不能吃甜食、美食，也不能看电视。那时候没有人明确解释斋戒的意义讲给我们听，直到现在，我认为有意识地放弃某些特定之物是种非常好的体验。如今在我家中，斋戒期之前会明确地和孩子讨论这件事。现在我们是这样进行的：斋戒期不吃鱼、肉，并将储蓄下来的钱拿来做善事。这往往会引起孩子和我们不断的讨论，唤醒孩子对社会责任的意识。我越来越确定，斋戒期在我身上出现的附加效益，那就是我发现，我比自己认为的还有毅力。”

如果你家从来没有斋戒仪式，或许可以试着在家庭会议上讨论一下。也许你会希望孩子少打一些游戏，而孩子则希望你少做一点家务，请找出折中的办法并一起享受这段时光吧！

复活节

复活节时大家都会很认真地去寻找被聪明的复活节兔子藏起来的蛋，有些蛋甚至直到几周后才被找到。

“我们家过复活节时有项传统，即在复活节星期天吃顿丰盛的早餐后，和邻居一起玩滚木球。我们会事先装满一整个推车的食物，然后和许多不同年龄的人一起出发上路。滚木球时，木球会沿着街道向前滚，而我们则跟在球后面，这就像在玩没有球瓶的保龄球一样。因为街道上有很多排水沟，木球常常会掉进水沟或淤泥里，此时就会引来哄堂大笑，我们得花很多力气才能把它解救上来。总归一句话，这是复活节最有趣的地方，我一点也不想失去它。”

“我小时候过复活节时会去爷爷奶奶家，他们那里有一项传统，大家会在复活节那天到森林的沙丘（全城知名的滚蛋山）去，在那里大家会把煮熟的彩绘蛋从山上往下滚。爸妈和孩子一整天都会忙着为蛋在山上开辟道路，大家都玩得很开心。”

“我小时候每次复活节前夕，都会和妈妈一起采摘水芹菜，这样我们在复活节时，早餐就有新鲜的水芹菜可以吃。复活节当天，我们会先把鸡蛋内部清空再彩绘外壳，或做一个蛋巢，还会烤羊肉。”

“我们会在复活节星期六一起烤羔羊肉以及彩绘蛋壳，只要天气许可，我们还会在复活节星期天到花园里找复活节蛋巢。”

感恩节

感恩节是个很适合秋天的美丽仪式，当你开始逐步整理花园，就是向孩子说明农业、食粮、栽种和饮食之间关系的最好时机。你也可以利用一顿“农家早餐”来进行解说，也许你认识住在家附近自产自销的农夫，可以直接向他们购买食材，然后再和孩子一起准备餐食并一起享用。

“我的祖父母有一小块田地，秋天时所有邻居都会一起来祖父母家庆祝感恩节。大家会用一个非常大的平底锅煎马铃薯、鸡蛋以及其他大家自制的食物，除此之外每个孩子都能获得一个特别的儿童碗。用过餐后我们会一起玩捉迷藏，或在干草堆里嬉闹，那是非常棒的一天。直到今天，在我家中还是会在感恩节时吃类似的食物，而且尽可能至少加入一种来自自家花园里的食材。”

降临节

降临节有很多很棒的仪式，你也应该尽可能地和孩子一起体验。以下的降临节活动出自我们的作者。

“我们家在降临节第一天会烤饼干。”

“每年降临节我们都会读同一本书给孩子听。”

降临节仪式不只好，同时也很重要。假设你家的孩子是幼儿园或学校里唯一没有降临节月历[1]的人，那么他有可能会被边缘化。在降临节的星期天，全家人可以聚在一起喝茶，或者也可以在降临节花环上放一些自制的饼干。

“我妈妈会在我房间里挂一根洗衣绳，绳子上挂着二十四个布袋，每个袋子里面都装有一个小东西，可能是一颗糖果、一块巧克力或一辆小玩具车。我都会先摸摸袋子感觉一下，猜猜看里面装的是什么。这游戏非常有趣，圣诞节之前我都会迅速起床，每天第一个打开当天的袋子。”

“虽然以前家中并不富裕，但我总能得到一个降临节月历，这个月历会放在厨房里，月历上的每扇小门后面都藏着一小块造型巧克力。找到当天的号码然后在早餐时吃一块巧克力，这真的非常棒。平安夜当天的巧克力则会有平日的两倍大。即便到了今天，我还是会放一个降临节月历在办公室里，每天开心地打开并怀念童年，同时也让我了解自己如今过得有多好。”

① “降临节月历”是一种倒数圣诞节来临的月历，从十二月一日开始连续倒数二十四天。这种特制的月历传统样式会做成纸盒样，盒上开有二十四个小洞，每个洞里都藏有一个小东西，可能是糖果、饼干、巧克力或小玩具等，孩子每天按照日期打开月历上的小洞时，都可获得意外的惊喜。

"在圣诞节时，我们总会有一个用新鲜杉树叶做的降临节花环，这个花环是我妈妈和姐姐一起做的，而我则负责把蜡烛放到花环上的烛台里，整个家里全都可以闻到杉叶香。爸爸会在每个降临节星期天的早餐时间，点上当天应点的蜡烛[①]。我还记得非常清楚，妈妈在吃早餐时至少会说五次，要我们之后不要忘了把蜡烛熄灭。早餐搭配蜡烛总是很有节庆气氛。"

圣尼古拉斯日[②]

你还记得小时候在圣尼古拉斯日的前一晚有多兴奋吗？圣尼古拉斯是如何穿过上锁的大门并往擦得发亮的鞋子里装进东西的呢？也许你还记得每年的十二月六日这天，你永远都比其他日子起得早。

"圣尼古拉斯日前一天晚上，我们会把擦拭过的靴子放在门前。当然得是一双我们能找到的最大的靴子，这样圣尼古拉斯才能多放一点东西进去。除此之外，我还会放一盘自己烤的饼干和一杯牛奶在门前，试想当圣尼古拉斯把礼物装满靴子时，把饼干吃光并且一口喝下牛奶的样子。"

①降临节起自圣诞节前四周，直到圣诞节来临，其间一共会经过四个星期天，所以降临节花环上通常会有四根蜡烛，每个星期天点上一根迎接圣诞节到来。

②每年的十二月六日是为纪念圣人圣尼古拉斯而订定的节日，德国的小孩都非常喜欢这个节日，因为这天和圣诞节一样有礼物可以拿。只不过装礼物的是鞋子而不是袜子，所以前一天晚上德国小孩都会把鞋子擦得亮晶晶的好装礼物。

“晚上我们会事先在门前放一盘饼干以及一块给圣尼古拉斯的白马吃的糖。”

圣诞节

每个人家中都有自己的圣诞节传统，不知道你小时候家里都怎么过圣诞节呢？通常大家都会把自己的经验传递给孩子，下面是几个不同的圣诞节仪式。

“我爸爸会在起床后把圣诞树立起来，每年这都不是一个简单的工作。因为我们家的圣诞树通常都非常大，圣诞树立起来后，孩子们就能开始装饰圣诞树，现在这件事轮到我儿子做了。我们负责认真地装饰圣诞树，妈妈负责准备晚餐。从很多年前开始，我们都会在这天吃烤拉可雷特奶酪，每个人都可以在餐桌上找到自己喜欢吃的东西。接近中午的时候我们会跟父母的朋友和他们的家人碰面（如今已经到第三代了），大家一起去散步，然后回到其中一个人的家里喝咖啡或热可可。大家碰面时会聊些老故事、玩游戏或谈论时下的话题，直到下午才各自回家。回到家后，我和妹妹可以先把我们的礼物放到圣诞树下，然后我们就必须躲起来，让父母放礼物并点蜡烛。等到一切就绪，爸爸就会摇铃，我们则立刻到客厅去，大家一起唱《圣诞歌》。爸爸会讲一个圣诞故事，接着再一一打开礼物，送完礼物后大家会一起吃烤拉可雷特奶酪。”

“平安夜当天我和哥哥会跟爸爸一起去看电影。此时，妈妈则在家做些准备。我们每年看的都是《森林王子》，当时这部电影似乎是明斯特电影院很喜欢播放的圣诞片之一。”

“孩子们在另一个房间里等待，当铃声响起才能进入客厅。圣诞树下放着礼物，有扇窗或对着花园的门永远都会是开着的，爸爸妈妈会指着外面说：‘你们看上面，有看到雪橇吗？’大部分的孩子也都真的看到天空中有个发亮的小点。”

“在圣诞晚餐和交换礼物开始前的大约一小时，我和哥哥会在房间里换上新衣，等到钟声响起才能进入装饰得很漂亮的客厅。烤饼干、装饰圣诞树、唱歌，再一起准备特别的餐点，这些在我们家都是固定的活动。我们会先吃东西，然后再分礼物，并依序拆开礼物。”

“圣诞夜时，我们会先吃晚餐，接着妈妈会到‘圣诞房间’里去看看圣诞老公公来过没有。如果已经来过了，妈妈会摇一摇铃，那时我们才能进入那个装饰得很有节庆气氛的房间里拿圣诞礼物。”

这些多半从我们自孩童时起就存在的仪式，每年都会继续执行的目的在于，如果没有它们，圣诞节就不是圣诞节了。

如果你觉得这些仪式对你来说没什么意义，而且不想继续维持，当然没有问题。不过在你取消之前，应该先问问它们对你的孩子来说有什么意义，重不重要，以及如果不再继续实施的话，孩子们会不会失望。身为父母的你，应该想清楚。你也可以问问孩子对这些仪式的看法，也许你会找到一个折中的解决办法，让全家人都能好好地过日子。

其他文化节庆

不同的国家多半有着截然不同的文化仪式。说不定你的亲友或孩子的朋友当中，有人有其他信仰或出身自其他文化，他们一定很乐于向你们解释他们的节庆，甚至有可能愿意让你们一同参与呢！

有些城市的观光手册上，会提供有关不同文化节庆的导览。去搜寻一下你所居住的城市，是否也有类似的活动吧！

其他习俗

“因为嘉年华会在我们所居住的地方是很重要的活动，所以在嘉年华游行前的这段时间，我和妈妈总是会思考很久，要装扮成什么。虽然我多半想扮成印第安人，不过偶尔也会想穿些别的服装。不管怎样，妈妈的缝纫技术很好，她总能帮我缝制一套特别漂亮的服装。可惜，我没有学到妈妈的缝纫技术。如今当我看着那些旧照片时，我才了解妈妈当时花了多少时间帮我准备服装。妈妈，谢谢你！”

你家中有哪些习俗，多半取决于你在哪里长大以及如何长大。

其他节日和相关仪式

新年：某些家庭会在新年时吃“新年甜筒”（塞入甜奶油的硬式松饼筒）或是“新年德国结面包”，寓意着下定决心在新的一年里好起来。

情人节：二月十四日是情人节，在这天你可以烤个心形饼干，或画个爱心剪下来送给朋友。

嘉年华会（狂欢节）：嘉年华会的举行方式各地不同，不过所有地方的嘉年华会都有一个共同点，就是变装秀，这也可以是一种很棒的仪式。也许孩子可以向爸爸借烟斗来搭配他的水手装。

愚人节：四月一日愚人节，是一个每个人都可以随心所欲开玩笑的日子。

打扫节：某些乡下地方会在春天举办打扫节，由地区政府号召民众在特定的时间共同进行春日大扫除。

复活节篝火：在某些地区会举办复活节篝火活动，所有人都会把花园里修剪下来的枝叶聚集起来当作篝火燃料。

夏至篝火：相较于复活节篝火，某些地区会在六月二十一日左右举办夏至篝火活动。

母亲节：五月的第二个星期天是母亲节，孩子们会制作小礼物送给妈妈，或是唱歌给妈妈听，而且幼儿园或学校也会鼓励他们这么做。

啤酒节：这原是慕尼黑的大型庆典，现在除了慕尼黑外，也有很多国家会办相同的活动。

万圣节：近年来越来越多的人在这天（十月三十一日）举办庆祝活动，孩子们会以类似嘉年华会的方式变装庆祝万圣节。

圣诞市集：圣诞市集是一种非常棒的圣诞节前的仪式。

跨年：很多人会在每年的最后一天的晚上聚在一起庆祝，在午夜时分点燃烟花迎接新的一年。

一定还有其他数不尽的习俗，也许你也知道几个。这些陪着你长大的习俗，你应该也想和孩子们一起继续施行吧！

给父母的重要提醒

即便你自己不是嘉年华会或啤酒节的粉丝，也请试着以没有偏见的心态让孩子参与这些庆典。尤其是在小城镇，某些活动对城镇内部的人际往来是很重要的，如果你的小孩想去参加节日游行，那么请你也一起去吧！如果你的小孩想变装，那就让孩子去看看嘉年华游行吧！

特别的活动与市集

糖炒栗子的味道弥漫着整个街道，霓虹灯闪烁，有着悦耳音乐声的旋转木马散发着吸引力，通常这个时候很难将孩子拴在家里。

孩子会和父母或祖父母在旋转木马还在组装时就跑过去看，看看组装工作是怎样进行的，这对许多孩子来说也会是一种美好仪式。

“你还记得自己小时候，如何吵着要父母再多买一些礼物，或再让你吃一支棉花糖吗？我记得很清楚，而且我还记得那些逛市集时的固定仪式，如今我也对我的孩子这么做。因为它们帮助我在混乱中建立起了一些秩序，让我不至于破产回家。”

请让逛市集变成一件特别的事，你不必每天都和孩子去市集，孩子明显会因为稀有而满足，其他时间他们多半还是会喜欢和你一起共度的。

带孩子逛市集的小技巧

为了在逛市集时有更多钱可以使用，当月的零花钱保留不发，到了逛市集时便可以让孩子获得两倍的零花钱。如果孩子仍想像平常一样拿到零花钱，请让他自己决定，不过等到逛市集时，钱就不会有那么多了。

你也可以根据祖父母是否健在，以及住得远近而办个“和爷爷奶奶逛市集日”。或者和孩子一起逛逛爷爷奶奶居住的城市里的市集，等日后孩子长大，也可以独自前往。

“我们的家庭市集日会以一起在市集上吃东西作为结束，我们永远吃的都是可丽饼。如果我们有好好遵守规矩，回家的路上就可以买糖炒栗子和松饼。”

家庭市集日

很多家庭会全家一起逛市集，每个孩子都能获得比平常更多的零花钱，让他想花时可以使用。有些家庭会规定，玩游乐设施的额度是固定的，请事先约定好。确定孩子都知道，如果他在一开始的半小时内就用光了所有钱，接下来就只能动用他以后的零花钱了。至于每个孩子各自想将他的额度用在哪里，可由他自己决定。请你真的让他自己决定，即使他很清楚自己不可能真的赢得什么，但当他还是坚持要玩某种游戏时，也不要去干涉。

马戏团进城了

每年去看一次马戏，和逛市集一样是个美好的仪式。S家每年都和奶奶一起去看马戏团，对他们来说这是一个特别的活动。对奶奶而言，这也是一年中最棒的仪式之一。这个例子同时显示了，仪式不只适用于孩子。

Chapter

16

未曾出现过或特殊的情况

或许你会感到神奇，为何仪式在遇到问题或生活危机时这么有用。特别是在艰难的时期，仪式能制造出片刻的平静，并且提供新的力量。因此，请去找出那些过去你所喜爱且熟悉的仪式，或者通过行动创造出全新的仪式。

当生活遇到问题或危机时，协助家人面对危机的仪式，可以是非常小的、重复出现的行为。例如，一起点燃一根蜡烛，或是一起好好休息，休息的时间点跟地点都很重要。也许可以把家里某个特殊的角落当成一座休息小岛，大家可以一起在那里沉淀一下。

仪式也能制造出家庭的团结感，在艰难的时期能提供力量。也许你们可以一起制作或画一个专属你们的徽章，或者找到其他可以象征家庭团结的物品。

当家庭面临变化时，使用仪式以及维持熟悉的仪式就显得很重要了，因为这些仪式能在这个时期给予孩子安全感和依靠。如果这些生活当中的固定成分也被删除了，孩子将会变得非常没有安全感。

孩子的烦恼与忧虑

如果你的孩子心中有烦恼或忧虑的事情，有一些很棒的仪式能帮助他更容易去面对这些事情。这些仪式可以是一个消除烦恼的抱枕、来自南美的“解忧娃娃”或“解忧小怪兽”。市面上有很多不同形式和尺寸的“解忧娃娃”可以购买，当然你也可以自己缝一个。

解忧娃娃

你知道南美的解忧娃娃吗？人们可以向娃娃倾吐自己的忧虑，这些娃娃可以躺在你枕头下的小盒子里，在你睡觉时他们会处理掉那些你对他们倾诉的忧虑，隔天早上你所担忧的事情便会消失无踪。你可以和家中较大的孩子一起制作一个解忧娃娃，只需要不同颜色的毛线和小块碎布就可以。解忧娃娃的家则可以是一个贴上彩色纸或彩绘过的漂亮火柴盒，当然小布盒也行。

生　病

孩子生病的时候，家长可以宽容一些。你还记得自己生病时，父母都做了哪些事吗？

“小时候当我生病时，我可以睡在爸妈床边的一张床垫上，也可以选择一个人陪我到房间睡。”

“我生病时总会有很特别的果汁或冷冻罐头水果吃。”

“小时候当我生病住院时，我的父母会送给我一个医生包，我可以用它来帮我的娃娃和动物玩偶看病或动手术。当妈妈来看我的时候，我们会先一起帮我的小熊看病，检查看看他好不好，通常小熊的状况都会和我一样……”

特殊的小东西会让孩子更能够忍受病魔。也许孩子必须长时间躺在床上，不能像平常一样跳来跳去，因此使用它们来稳定孩子的情绪，会让这场病对所有人来说都变得简单一些。

当孩子生病时

· 你可以为生病的日子准备一两本新书或有声故事，把它们藏在柜子里，必要时可以快速变出来。

· 孩子在生病时，看电视的时间能够延长。

· 煮些孩子爱吃的食物（当然只能是有助康复的东西）。

· 或许可以破例给他可乐、面包或香蕉吐司。

· 让孩子睡在父母床上。
· 准许猫咪上床。
· 准许小狗在房里过夜。

请想一想怎么做能让孩子开心一点，好让他更能忍受生病的不适。

疼痛时可使用的仪式

如同生病，仪式在疼痛时也能有所帮助，例如撞到、跌倒、脚受伤等。通常“呼呼”是最有效的。你也可以发挥想象力，例如把疼痛放到飘过去的云上，或者吹进泡泡里送走。一块特别的彩色创可贴同样也能创造奇迹。

或者你知道什么神奇咒语，下次当你再听到孩子说“唉呦”的时候，试一试你的神奇魔咒吧！

对抗疼痛的咒语

“痛痛不见了，痛痛飞走了！”

或者你也可以唱首歌。是的，又要唱歌了！唱歌对小小孩来说有着非常特别的效果，将下面的词句随意搭配一首你熟悉的歌吧！

祝你快快好

祝你快快好！七天下雨七天晴，很快就会好。
小猫快快好！猫有四个小爪子，躺在石头上，很快就会好。
快快好，快快好，再一下就好。再一下阳光公公照过来，很快就会好。

如果孩子是慢性疼痛，例如肚子痛或头痛，你就必须换个方式。这些疼痛多半只会让孩子什么也不想做、哪里也不想去，孩子也会出现生气、难过等反应。如果经儿科医生判定此疼痛并非出于生理问题，那么躲藏在疼痛背后的就有可能是心理问题了。这种时候最能帮上孩子的方式，就是转移他的注意力，不要聚焦在疼痛之上。收藏一本立体书（对小孩来说通常都非常有吸引力），在这种情况时使用。至于年龄较大的孩子，你也可以借由玩游戏，例如文字接龙，转移他们的注意力。

看医生

对孩子来说，看医生并非都是能轻松面对的冒险行动。通常在孩子得知要打针时，他的好心情也就结束了。

不过即便在这种时候，仪式也能帮助孩子轻松面对看医生这件事。

“我们家的孩子看完医生后，无论天气如何，无论时间多早或多晚，都要去吃个冰淇淋（当然肠胃有问题时例外）。”

“我们常去的诊所旁边有一间运动用品店，店里有一个很长的滑滑梯和一台可以让孩子们玩的简单的记忆拼图游戏电脑。如果我在看医生之前答应女儿看完后会带她去这家店，那么看医生的过程就会明显变得轻松很多。”

什么东西能帮助你的孩子毫无压力地去看医生呢？

也许他希望带着最喜欢的玩偶一起到诊所去，或者你也可以在看完医生后和孩子一起去吃冰淇淋，或是让孩子自己选一本漫画书，等等。请想一个可以不断重复的流程，这种规律的仪式会让孩子有安全感，而且也会让他产生期待。

获得力量

身为父母的你一定知道精疲力竭是什么感觉，这时候你会做些什么呢?

有的人会去做运动，有的人会去做汗蒸或泡个热水澡，有的人会借由和朋友碰面来获取新的力量。

当你去运动或和朋友碰面时，对孩子来说是件很自然的事，同时也可以是一种仪式。例如，你每个星期二都要去上普拉提课，如果你很早就开始执行这种仪式且持之以恒，对你的孩子来说这就是件自然而然的事，他会习惯于此，而你也会成为孩子的重要榜样。

孩子偶尔也会变得无精打采，也许是因为他有点感冒、这一周压力很大，或者和朋友吵架了。通常你可以察觉到他是否倦怠、精疲力竭、亢奋或情绪极差。

这时候你应该做些能给孩子注入新能量的事情。因为每个人都不一样，因此要找到适合你孩子的仪式，让他能借此获得力量。

获得力量的仪式

·如果你的孩子非常好动，可以通过外出活动来获得力量，那么就请你在周末安排一个“活动日”，可以去骑自行车、游泳、滑旱冰、到森林里爬树或盖小木屋。

·有的孩子可以通过舒服的按摩来获得力量。或许你还记得给宝宝按摩的技巧，请选用一种好闻的按摩油（最好含有薰衣草），让孩子享受一场舒服的按摩，按摩结束后还可以让孩子进行一段幻想之旅。

·有的孩子不喜欢把自己的感受、恐惧和问题说出来，当他失去力量时，请让孩子把他的问题画下来或写下来，然后试着和孩子一起，用角色扮演的方式来解决问题。如果孩子愿意玩角色扮演的游戏，那么这也可以成为一种有影响力和助力的仪式。尤其是当孩子发现自己可以把问题说出来，或找到了解决的办法后，确实能让他感觉到重获力量。

这些只是一些能让仪式成为力量的建议。你最了解自己的孩子，你知道当他无精打采、筋疲力尽时，该做些什么对他会比较好，请在这样的认知基础上去发展你自己的仪式吧！

搬　家

搬家通常是件不错的事，不过对孩子来说，搬家却是一种让他觉得具有威胁性的改变。因为他们必须在很短的时间内，去熟悉一个全新的环境。新家的味道和旧家不一样，而他最好的朋友也不在那里了。

你如何帮助孩子更容易地去适应新环境呢？

搬家的原则

首要的基本原则是：继续维持你们习惯的仪式。

日常生活的流程是不可以改变的。例如，早餐还是要在同样的时间吃，还有起床和上床睡觉的过程也要和搬家之前一样。

准许孩子紧抱着某个特定的动物玩偶或娃娃不放，他暂时会需要这个东西，因为此时对他来说，它代表着安全感和安定感。

也许你们可以在早上起床时，一起向这个新家问好，一边穿过一个又一个的房间，一边说："客厅早安，浴室早安……"你的孩子一定会觉得非常有趣，如此一来他也会越来越认识这个新家，并借此建立起一种美好的感受。

新的家庭成员

家庭并非封闭系统，可能会有新的成员加入。可能是人口增加，或者也可能是缔结了新的亲缘或有了新的伴侣。

对我们成年人而言，这是相当正常的事，因为我们通过朋友或工作，习惯了不断与陌生人接触，以及适应这种改变。

但对孩子来说，这却不是那么容易的事。他们也许不了解为什么叔叔每次都带新的"阿姨"来，或者为什么虽然奶奶已经住在天堂了，但是爷爷身边又多了一个新的"奶奶"，新的家庭成员当然也可能是新的堂（表）弟与堂（表）妹。

朋友圈会改变，这点孩子很快就能理解，不过这是因为朋友并不像家族成员那样，从小就经常见面。

> "在我把我新的人生伴侣介绍给孩子之前，花了相当长的一段时间，因为我希望等到确定对方会长期在我们的人生中占有一席之地时才这么做。此外对我来说重要的是，要帮孩子慢慢准备面对这个变化，同时清楚地解释给他听，爸爸还是爸爸，这点并不会改变。"

在你向孩子介绍新的家庭成员之前，请像上面的父亲一样，要等到你确定此人不会在下一次家人聚会就消失时，再介绍给孩子认识。

请将新家庭成员的意义解释给孩子听。如果爷爷在奶奶过世后，又认识了新的女性，这并不代表她会取代奶奶的位置，而是她会将笑容带回给爷爷。

请仔细思考哪些信息是孩子能够承受的，哪些是他们无法承受的。

欢迎的仪式

请想一个接纳新成员加入家族圈的欢迎仪式，也许你的孩子会有兴趣制作一个欢迎小礼物，或者画一张让新成员也出现在上面的家庭画。

此外，你们也可以一起烤一个全家人都喜欢的蛋糕，然后一起享用。

初次见面时，你也许可以帮这名新成员拍一张照片，然后把照片挂在家族照的墙面上。你一定会看到这么做所产生的额外效果，即当这名新成员下次再来访且看到这张照片时，他将会因为你们这么做而感受到被接纳了。

欢迎新生儿

当妈妈再度怀孕，这对孩子来说一开始会是件古怪的事，或许还会让他感到害怕。试着尽早让孩子习惯这个新的情况。就这方面而言，仪式也能帮得上忙。你可以让孩子每天早晚对还没出生的宝宝说声“早安”或“晚安”，一边亲亲妈妈的肚子，一边说这些话。也许孩子会想对着肚子里的宝宝说些什么或唱唱歌，如此一来，孩子就能从一开始和宝宝建立起联系，甚至可以一起感受妈妈肚子的变化。他会发现妈妈的肚子越来越圆、越来越硬，还会听到肚子里的声音，或许也能感觉到他未来的小弟弟或小妹妹在肚子里动呢!

建议在怀孕期间送孩子一个宝宝玩偶，他可以通过这个玩偶先练习如何和小弟弟或小妹妹互动，你可以和他一起练习如何坐在沙发上抱宝宝，以及如何扶着宝宝的头。你们也可以一起练习换尿布和换衣服，并想一想当宝宝来到这个世上时，他需要哪些东西。

请和孩子一起想想，他可以在小弟弟或小妹妹出生时送什么东西，然后你们一起去把这个礼物买下来，也许是个特别漂亮的安抚玩偶或安抚巾。你可以借着这个机会告诉孩子，当他还是小宝宝时最喜欢什么，或许他也会想把自己的某样东西送给弟弟或妹妹呢!

小宝宝出生

这个重要的日子会在某天到来。就在这天，宝宝出生了，你的孩子应该有机会好好地问候宝宝，并且把那份精心挑选的礼物送给他。

或许新的弟弟或妹妹也有一个欢迎礼物要送给他的哥哥姐姐（这礼物当然是你挑的），你家大宝一定也会非常高兴的。

小宝宝第一天回家

对全家人来说，新生儿从医院回到家的那一天是一个很重要的时刻，大宝对这全新的情况会有什么反应呢？即便大家已经事前讨论过“弟弟（妹妹）”的事了，还是有可能一切都和预期或希望的不一样。

请让孩子一起为新生儿回家做准备，例如，让大宝画幅欢迎字条，或者把宝宝的衣服固定在洗衣绳上，你们再一起把洗衣绳挂在家门口。

说不定你的孩子也会想为妈妈和宝宝唱首歌。

当新生儿回到家后，请让大宝帮忙做一些他可以做到的事，例如，在喂奶时拿婴儿围脖给你，注意一下宝宝打嗝了没有，换尿布时递湿纸巾或护臀霜给你。请你好好向他解释为什么他要做某件事，当孩子理解这件事为什么如此重要时，他就不会觉得麻烦了。

宝宝睡着后，请把时间留给大宝。尤其在刚开始的那几天，不要让大宝觉得自己被冷落了，这点非常重要，否则他会将宝宝视为讨人厌的扰乱者。

请在宝宝回家的第一天，为大宝准备他喜欢的食物，或许你也可以买件写着“哥哥”或“姐姐”的衣服给他。

父母离异

“爸爸在我四岁时离开了我们的家，此后妈妈鼓励我每周写封信给爸爸，我多半会画张画或寄干花给他，由妈妈写上地址、贴上邮票，我再把信丢进邮筒里。”

父母其中一方离开家庭，这在今天已经不再少见，但即便如此，对孩子来说还是很难理解父母其中一人不在他们身边这件事。

我们当然希望，即便离婚，两人依然能保持友好的关系。你们可以在刚开始时约定好，离开家的那个人，每晚打电话来向孩子道晚安。这么一来，孩子会发现虽然父母离婚改变了很多事，但还是有许多他所熟悉的事物维持不变。

还有很重要的一点是，你要尽快安排好孩子和另一方相处的时间。可能是每周固定的某一天，或者每两个星期的周末，时间由你们双方协议，看怎么样安排对孩子最好。要注意的是，这个固定的约会对孩子来说非常重要，所以一定要遵循，且尽可能永不延期或只在非常迫切的例外状况下才延期。如此一来孩子才能感受到，父母双方都是他可以信赖的。最理想的状况是父母双方都能让孩子感觉到，不管在谁身边，他都会被保护得很好，而且享受了一段美好的时光。

请不要让孩子因为你们的离婚而受伤害，无论如何都要告诉他离婚不是他的错。如果你们做到了这点，那么即便离婚了，你们还是很棒的父母！

“我女儿每个星期五都会和她爸爸去游泳，他们两个人都玩得很开心，而且有很多时间可以互相诉说重要的事情。”

“我们会在‘爸爸周末’时一起去上攀岩课。”

“我特别喜欢‘妈妈周末’，因为可以骑马。”

“每两周的星期天我会和爸爸去游泳，然后一起吃比萨。”

即便已经不住在同一个家里了，身为父母还是应该知道，孩子在某些特殊场合需要你们同时在场。

你们应该在校庆、运动会或孩子生日时，忘掉你们已经离婚的事情，并且为了让孩子高兴以父母的角色同时出现。这通常是条漫长且不太好走的路，但是如果你们办到了，将会发现，孩子在面对这些场合时，会显得放松许多。

面对死亡与悲痛

死亡经常会引发孩子心中的恐惧，也许针对这个问题，父母最希望的是能保护孩子不去接触。你或许会希望，孩子应该无忧无虑地快乐长大，但很遗憾，死亡总会出现在我们的生活中。孩子会在游戏场上发现死去的动物，或从电视上听到有关死亡的事情。

如果有人去世，孩子常常会手足无措甚至感到惊恐，他们多半无法理解，为什么那个他爱的人不在了，而且会不断问那人什么时候才回来。有件更重要的事是，你要给孩子机会，让他能够与亡者道别。

死亡文化百年来已经改变了很多，过去人们通常是在家中，在家人的围绕下离世。亡者被安放在灵床上，所有亲戚、朋友和邻居来向他道别，这是很普遍的仪式，对孩子来说亦然。在熟悉的环境下举行固定的仪式，这些仪式能带给人们安全感和情感上的慰藉。

如今这些仪式只有在少数的情况下还能看到，而死亡却留下了许多疑问和不安全感。可从另一个角度说，我们也会感受到，道别的形式也可以是很个人化的事情。因此，丧礼上的服装不再只有黑色，甚至不是在家中，而是到殡仪馆与亡者道别。

“小时候每当我认识的人或亲戚当中有人过世，我会画张画或写封信，然后在葬礼时把画或信丢到棺材里。奶奶过世时，我在她棺材上放了一件非常特别的纪念物，这个东西象征着我和奶奶的关系。”

“每次去墓地参加葬礼时，我会点一根蜡烛，回想自己和那个人共度的美好情景。这在我家是项特定的仪式，我也会和孩子继续这么做下去。”

“我们第一次面对死亡这个课题时，女儿正好四岁。此前，她已经做了相当多的面对亲人去世这件事情的准备，因为她曾经很怕自己喜爱的人会死去，为了能够以适合孩子的方式向她解释死亡，我们一起看了凯蒂·克罗瑟（Kitty Crowther）的《我的小小朋友》。通过这本书的帮助，女儿不再那么害怕。”

接下来我们想要提供一些技巧，教你如何能让孩子参与道别。

孩子可以这么道别

如果孩子希望和亡者道别的话，请你允许他这么做。请和殡仪馆的工作人员或家人讨论，谁最适合陪着孩子去看亡者，孩子可以在棺材内放入一张画、一个玩具或一封道别信，要停留多久由孩子来决定。

葬礼的准备

对孩子来说，奶奶躺在棺材里，是一个很抽象的概念。如果这是孩子首次参加葬礼，那么为他做些准备就很重要了。也许你们可以事先到墓园看看，并向他解释丧礼的流程，这其中也可包含如下的信息：为什么宾客都穿着黑色的服装？为什么要把人埋起来？

请在葬礼前想一想，如果你在仪式进行期间无法亲自照顾孩子的话，应该让谁来照顾他？请和孩子协商出一个人选，并和此人讨论一下可能出现的状况。

如果孩子希望的话，请让他带着安抚玩偶一起去参加葬礼，好作为“悲伤陪伴者”与慰藉，或者让孩子带上一种特别的护身符，例如一块漂亮的石头。除此之外，照顾孩子的人应该做好准备，孩子想离开时随时都能离开。

依据年纪可让孩子加入准备工作

- 制作讣告。
- 找一些歌曲，也许可以演奏一首亡者最喜欢的歌曲。
- 找文章并朗读。

· 制作葬礼的蜡烛。
· 寻找象征亡者的物品。
· 虽然不常见，但却很不错——装饰棺材。
· 写一封道别信或画一张画，将之放入亡者的棺材里。
· 选择衣服，而且不一定要穿黑色的。

如果你的孩子没有参加葬礼，你们可以在事后一起去墓地，好让孩子能够和挚爱之人道别。

丧礼之后

墓园是一个可以让人回忆逝去之人的地方，但孩子可能会有他专属的怀念场所，例如自己的房间或者平时最爱待着的地方。

为了将回忆真实且美好地保存下来，你可以和孩子一起制作一本回忆书或一个宝物箱。回忆之书里可以存放文章、诗歌、祷告辞、图画或者粘贴上一起听过的音乐会门票之类的物品。宝物箱特别适合用来保存照片、饰品、礼物或其他对孩子来说与亡者有关联的重要之物（去海边度假时搜集的沙子或贝壳，一起找到的羽毛等）。

宝物箱很适合由你和孩子一起制作，让它变成一种特别的东西。也许这个箱子或回忆之书，能在孩子的房间里或者其他地方有个独特的放置处。在特定的契机之下，拿出来和孩子一起观赏，或者在孩子伤心难过的时候打开。

蜡烛的特殊含义

蜡烛通常都有着很特别的意义。点蜡烛本身就是一种很美的仪式，这样的仪式会以不同的方式施行。

也许你和孩子能为了葬礼而特地制作蜡烛。一个自制的蜡烛可以成为你和孩子特别的追悼仪式。另外，你们也可以在每年特别重要的日子（如生日、周年纪念日或者特别的节庆等），一起点燃它。

你们也可以在教堂或墓园里点燃蜡烛，或者在某个特殊的日子和孩子一起带着蜡烛到某个地方去。例如，可以在亡者的忌日和孩子一起去海边，然后在那里把蜡烛点燃。

烛光日

每年十二月的第二个星期天是“烛光日”，这是纪念夭折孩子的日子。在这天，纪念日的发起人会发出邀约，请全世界的人们都点燃一根蜡烛，以纪念他们夭折的孩子、孙子与兄弟姐妹。这根蜡烛将在晚间七点被点亮并立在窗台上。

窗台上的每根蜡烛都代表着夭折孩子那曾经闪亮的生命，也意味着他们并不会被遗忘。烛光象征一座桥，从某个人联结到某个家庭，从一间房子联结到另一间房子，从一座城市联结到另一座城市，从一个国家联结到另一个国家，这一连串如图画般的烛光，就这样在这天晚上串起了全世界。

如果你的家庭也曾失去过孩子，而且你也想花几分钟去追思他，那么这将会是一种你和孩子可以一起去执行的美好仪式。

专属儿童或青少年的追悼社群

有些专门为面临哀伤的儿童或青少年所设立的追悼社群，失去挚爱的儿童和青少年可以在那里表达他们的哀思。在这些社群里面，孩子们有机会和其他人交流，进而知道自己并不孤单。这些社群聚会时都有许多固定的仪式，这些仪式为参加聚会者提供了安全感，同时联结起每个人。孩子可能会在聚会时一起点燃一根团体蜡烛，也可以单独给自己所失去的那个人点上一根蜡烛，并且为这根蜡烛取个他觉得很重要的名称。

各种仪式和追悼形式的重要性，可能会因为年龄或社群成员而有所不同。有些仪式能融入日常生活当中，有些则只会在聚会时出现，因此对于你们的家庭来说，参加这种专门为儿童和青少年成立的追悼社群，会是额外的重要支柱，你可以在家附近搜寻看看是否有这类活动。

美好的追思仪式范例

如何让孩子好好地和亡者道别以及理解死亡呢？

· 请和孩子一起想想，过世的那个人曾经做过什么呢？也许每次去看奶奶时，她都会烤个特别的蛋糕，那么你便可以和孩子一起烤个这种蛋糕，并让孩子好好地怀念一下亲爱的奶奶。这也可以变成一项固定的仪式，在每次奶奶的忌日时，和孩子一起做这件事去纪念她。

· 晚上一起看星星，找一颗他会在上面往下看你们的星星。

· 讲述你和去世的人一起经历过的事情。

· 画一张画或写封信给去世的人，然后绑在气球上放入天空。

· 和孩子一起去墓地，对孩子来说，这就是奶奶“去”的地方。你们可以在那里种一些美丽的花，常常一起来照顾这些植物，这样孩子就可以常常来“找”奶奶了。不过也要跟孩子解释，那里只有奶奶的身体，奶奶的灵魂活在家人的心里。请根据年龄、孩子的理解能力以及你自己的观念来说明。

> “当我的侄子，也就是我女儿的表弟去世时，我向女儿解释，他现在像个天使一样住在天堂里。女儿画了一张画给他，我们把这张画绑在一个气球上，并让这个气球朝天空飞去。”

当宠物死亡时

有的时候宠物的死亡对孩子来说比面对亲人去世还让他伤心。这是非常有可能发生的事，视孩子和宠物的亲近程度而定，请绝对不要忽视这件事。宠物可能是孩子生命当中非常重要的“人”，而挚爱的宠物的死亡，对孩子来说是一种非常深刻的经历，对孩子来说，以正确的态度面对这种历程很重要。乌尔夫·尼尔森（Ulf Nilsson）的童书《世界上最棒的葬礼》（*Die Besten Beerdigungen Welt*）描述的正是这件事。

请在孩子悲伤时，利用一个好仪式来帮助他，正如同我们一位作者所做的那样。

> “我的小兔子死掉时，爸爸和我把她放在一个正面画着画的鞋盒里，我们买了一株漂亮的盆栽，把小兔子埋在一处偏僻的森林里，并把盆栽种在坟上。其他小动物们（虎皮鹦鹉、仓鼠、蝴蝶等）也全都庄严地安葬在这里。我们会唱一首好听的歌来和它们道别，或者讲一个那只小动物一定会喜欢的故事。对于当时还是孩子的我来说这是正确的事。如果我女儿的猫在哪天死了，我也会这么做。”

Chapter

17

保持运动的习惯

即便现在的孩子因为学校繁重的功课和其他大量的课外辅导班，而不似从前拥有那么多休闲时间，你也不该有抛弃休闲时间仪式的想法。

在这些你能够和孩子共度的稀少而又美妙的休闲时光里，小小的仪式能让这段时间更加美好。不过，请不要只是高举着仪式的概念，而是要将仪式简化成一种“规律”，通过这种“规律”的帮助，你能够协助孩子变得更稳定，而且获得更多安全感和忍耐力。

让孩子喜欢运动

“因为我们家住在山上，而奶奶家住山下，所以我常常要爬陡峭的山坡。在某段特别陡峭的山坡上，我们会让步伐一致，妈妈边念口诀，我们边跟着做动作，接着大家会一起大声地念出口诀，直到爬上山为止。我们就是用这样轻松愉快的方式爬上山的。”

人与人之间存在着差异，孩子也各有各的性格。有的很活泼、喜欢运动；有的喜欢阅读，借着阅读发掘新的幻想世界；有些孩子可能乐于和其他人玩耍。

和孩子一起动一动

一呀二呀三呀四呀五呀六呀七呀八呀九呀十，一顶帽子（假装举起帽子打招呼），一根拐杖（假装拄着拐杖），一把雨伞（假装撑起一把雨伞），前进、后退、往旁边（按照口诀用右脚做出动作），向上（垫高），向下（屈膝），保姆小姐（摇摇屁股），接着再从头来一次。

就像孩子们在兴趣方面各有所好一样，他们对于运动的喜好也不同，因此会有极端不喜欢运动的孩子，除非必要，否则他们绝不会去运动。这当然非常不健康，甚至长期下来会造成健康问题。

最好从孩子很小的时候就让他习惯规律运动，如此一来，你便能及早解决孩子不爱运动的问题。

如何能让孩子习惯规律运动呢？请发挥你的创意吧，可以和孩子多走走路、骑自行车，散步时带上滑板车或溜冰鞋，路程遥远的话，你可以利用小游戏来增加孩子的动力。和父母一起玩游戏，是让孩子爱上运动最好的诱因。

请和孩子一起“运动出游”，一起去游泳、滑冰，攀爬上林地的山丘，或者单纯只是徒步穿越森林。

激发孩子动力的运动仪式

· 每次都让孩子先跑到某个定点。

· 让孩子时不时地学熊跑，再时不时学豹子跑。

· 玩“老鹰飞”的游戏，把孩子抱在怀里后，按照指令抓起他的手臂向上举高。

· 在树林里玩捉迷藏会很有趣。

· 到森林里散步时，和孩子一起找寻有没有小动物。

· 和年龄较大的孩子，可利用GPS定位系统来玩寻找宝藏的游戏。

· 一起玩官兵捉强盗的游戏。

· 在河流或小溪里放一艘纸船，然后在岸边跟着纸船跑。

也许你可以每周安排一个共同运动时间的仪式，当然想要每天晚上吃晚饭前都这么做也行，得看你有多积极，或者如何能激起孩子的动力而定。在运动之前，可以先做一些暖身操，每次轮流做一些不同的体操。一般的伸展动作做完后，可以让孩子选择他接下来要做什么，如跳跃、开合跳等。整个暖身操的动作轮流做，时间可依人数或孩子的状况来决定，你将会发现孩子因此获得了许多乐趣。他甚至还能想出许多有趣或困难的动作，只为了看到你扭动肢体。

全家一起运动

“每个周末，我们全家人都会风雨无阻地到森林里去散步，这对本身就很懒得运动的人来说是一件很棒的事。我们会在林间山丘爬上爬下，寻找倒塌的树干和大树枝，然后用它们在森林中盖一间小木屋。有的时候在我们再次造访时，会发现有人继续加盖了我们的小木屋，有的时候会发现小屋被毁坏。不过没关系，坏掉再盖就好啦，全家人都觉得这很有趣，而且也能多少运动一下。

“如果我们觉得当天的气候去森林里太冷或太湿，就会改去游泳池玩。”

请创造出你们自己的“家庭运动仪式”，无论是周末的森林郊游、慢跑，还是安排每个月第一个周末和朋友一起骑单车、游泳，全都可以。

参加运动社团

你自己本身是否积极参与运动社团呢？或许你曾经很积极地做过。

孩子在运动社团里能很快学会团体规则，他们必须了解“轮流”的概念，而且每个人都要肩负起团体内的某些责任。

参加运动竞赛赢得证书或奖杯，为此庆祝并且在家中找一个特别的位置来摆放，这也是种很棒的仪式。

请趁早帮孩子报名参加运动社团，如此一来，多半可以在轻松的情境下让孩子爱上运动。也许你们可以从亲子课程着手，一起运动是最有趣的！

选择运动社团前请看清楚课程内容，有些社团会根据孩子的年龄提供许多不同的运动项目，如体操、舞蹈、防身术、游泳等。一定要记得帮孩子更换运动种类，让孩子们尝试不同的运动，孩子会觉得很有趣。

“我从很小的时候就活跃于不同的运动团体，一开始是跟妈妈做宝宝体操，等我大一点后，我充分利用了运动社团里的各种课程，参加了许多不同的运动项目。后来我决定投入正式的马术运动，并报名参加了马术团。”

“我觉得参加运动社团是一件非常棒的事，会让我觉得很有归属感，而且社团举办的活动和比赛都很棒。”

“我的女儿是体操选手，她会定期和她的队伍去参加团体及个人赛事，这让她变得更勇敢、更有自信。除此之外，她也很有野心，在训练时十分努力，借此不断获得更好的成绩。即便这样，她玩乐的时间也并未因此而减少。因为他们还是孩子，无法像成人一样有纪律地接受训练，所以运动社团中也会举办郊游或庆祝活动。来自不同地区的孩子们会在这些活动上互相交流，彼此都玩得很开心。”

请和孩子一起去参加社团的课程。大部分的社团，在你还没决定是否成为社团会员之前，都可以免费试上各种运动课，孩子也能借此机会尝试自己喜欢哪种运动。请你在试上课程时，观察一下孩子在团体中和其他小朋友以及老师之间的互动。如果你发现孩子不开心，或明显表现出不舒服的样子，那么这样的情况很有可能在往后几周都不会改变。此时，你最好改选其他运动，否则你将会因为孩子不想去运动而生气。

即便选择运动社团并非一种真正的仪式，但是在社团里，包括做运动时，一定有很多仪式存在，这些仪式都会在你和孩子身上产生积极的正面作用。

Chapter

/

18

音乐让一切变得更简单

在很多场合，唱歌也算是一种仪式。生日时你会唱《祝你生日快乐》，圣诞节时你可能会在圣诞树下唱几首传唱已久的圣诞歌曲。

不管在什么情境下，你都能唱歌。大家一起唱歌会促进并增强彼此的认同感，而且有放松和消除恐惧的效果。

唱　歌

在各种情境下都有适合你对着孩子唱的歌。每晚哄孩子睡时低声吟唱《催眠曲》；等孩子长大些，和孩子一起唱儿歌；在母婴团体里，你会有机会和其他妈妈一起学唱问候歌与活动歌；还有很多能在不同场合唱的其他歌，如《整理歌》《盥洗歌》《交通规则歌》等。

唱歌是一件有趣的事，而且具有渲染力，歌曲可以为悲伤的人们带来平静，同时也能激励人心，让人快乐起来。除此之外，和孩子一起唱歌还能促进孩子语言能力的发展。请相信，无论你唱得有多难听，或者你觉得自己唱得跑调很厉害，孩子都会觉得非常有趣，而且也会原谅你的五音不全。请偶尔和孩子一起尽情乱唱来消遣一下，你和孩子都会获得许多乐趣。当然你也可以即兴乱唱，改编歌词。让唱歌变成不同情境之下的固定仪式，你的孩子在多年以后还会记得某些童年时唱的歌曲，而且一定会和自己的孩子继续唱下去。

如果你会唱《啦嘞噜》给孩子听，将会惊讶地发现，孩子能因此更容易入睡。

啦嘞噜

啦嘞噜，只有月亮还在看着，小孩入睡了，你也快睡吧，

啦嘞噜，在小床前有两只鞋，他们累了，要休息了。

睡魔也来了，他悄悄进入房间，找出他的梦，你的梦是最美的，

啦嘞噜，只有月亮还在看着，小孩入睡了，你也快睡吧。

跳　舞

你和孩子一起跳过舞吗？如果有的话，你一定知道孩子有多喜欢跳舞，无论是待在房间被你抱在怀里跳，还是和你手牵着手跳，又或者是他自己伴着熟悉的音乐或没听过的音乐跳舞。随着音乐起舞有很多好处，可以让孩子的身体知觉更敏锐，更好地掌握自己的肢体。当孩子随着音乐摆动身体时，不要嘲笑他的动作，要让他觉得这么做很好。

对孩子来说，跳舞也是一种很棒的仪式。例如，在淋浴时跳一支“雨中之舞”，很多孩子会因此觉得淋浴变得更有趣了，也可以在比赛获胜时跳“胜利之舞”。

孩子的表演

如果你的小孩学过音乐，那你一定知道，音乐教室通常每年都会举办一到两次的成果展示会，借此机会让孩子们展现所学的知识。参加舞蹈或体操课程时，也会有类似的展示会。

成果展示会也是一种重要的仪式，孩子可以借此展现自己学到的东西，也可以练习如何在台上表演，这对他未来的人生有很重要的意义（如当需要在学校上台做报告时）。

对这个仪式来说，非常重要且具有决定性作用的关键是父母的“合作”。请和孩子一起兴奋地期待展示会，一起为孩子的演出感到高兴。还有你得去当孩子的观众，因为这项仪式如果少了你们这些为孩子骄傲的父母，就变得一文不值了。

如果你的孩子会某种乐器，或者他刚学会某种乐器，那么你可以在家里进行一项新的仪式。例如在圣诞节时，让孩子演奏几首圣诞歌曲，见证孩子的成长。

Chapter

19

全家一起玩的小游戏

你现在一定觉得困惑，游戏和仪式有什么关系呢？这个问题可以分成两点来说明。

首先，在星期天晚上全家人可以一起玩游戏，像这样有固定时间的游戏之夜就是一种很棒的仪式。其次，有些小游戏可能会带有仪式的特性，例如，散步时玩谁可以找到最漂亮的叶子的游戏，谁最先看到一只小鸟而且能说出鸟名，或是最先抵达终点的人可以先吃冰淇淋等。

也许你还记得许多过去曾玩过的游戏，以下几个游戏你还记得吗？

跳房子游戏

你小时候玩过跳房子的游戏吗？用粉笔在地板上画出格子，然后往格子里丢小石子，再单脚跳到有小石子的格子里。

严格来说，跳房子这个游戏并不能称之为一种仪式，但是向孩子解释这个游戏，并且将这些东西继续传承下去，却是一种很棒的仪式。如果你家没有院子可以画格子，那么可以在散步途中找个空旷的地方，让孩子好好地玩一玩。

猜拳游戏

这个小游戏可以很快就变成你们家做决定时的仪式。每次遇到必须做出某个小决定，如“谁去倒垃圾”时，这个游戏可以在短短几秒钟之内，得到一个快速而且还能被全面接受的结果。

模仿游戏

模仿游戏本身就带有将行为变成仪式的概念，如果要孩子学习特定的行为，同时牢记在心的话，可以玩玩模仿游戏。其中“假扮×××”的游戏对孩子来说非常重要。

玩假扮老板的商店游戏，能让孩子学习客人进入商店时该怎么友善问好、协助选择商品、提供建议、结账的过程以及说再见等。由此你能看出，在孩子未来的发展以及他们往后的人际相处上，这些日常生活中的小仪式有着多大的影响力。

除了“商店游戏”以外还有许多很棒的游戏，几乎所有的孩子都喜欢玩，而且玩这些游戏不需要花很多钱。

模仿游戏

· 商店游戏。

· 烹饪游戏（在沙坑里玩也能让孩子觉得很好玩）。

· 邮差游戏。

· 公主游戏。

· 办家家酒。

· 扮印第安人、扮牛仔。

车上的游戏

“爷爷奶奶家离我家很远，在这段长长的路程中，我们家有一个很棒的仪式：比赛谁先看到德任山。玩这个游戏时，车上的气氛总是很紧张，游戏让枯燥的车上时间很快就过去了。”

这是个很棒的游戏，去看望住得很远的亲戚时，都可以派上用场，它清楚地显示了仪式是能吸引人的。这种“谁先看到×××”的游戏当然可以随意变化，而且还可以安插许多中途出现的地点。

长途车程中也可以玩“猜车牌”“数车子”或是“把红灯吹成绿灯”等游戏来增加趣味。当然，这些小游戏只有在经常玩的情况下才会变成仪式。此外，每次出远门，若能带上几个小面包在车上吃，也会是一个很棒的仪式。

Chapter

20

给爷爷奶奶的建议

祖父母与其他近亲对孩子社会关系的发展来说，是非常重要的。

“每当周末我待在奶奶家时，我可以尽情看电视，这真的超棒的！坐在大沙发上看着电视时，奶奶还会在我面前放上装饰得很漂亮的法式开胃小点心，而且我还不用帮忙做，简直太美好了。”

“在奶奶家，我在睡前可以从床头柜上的糖果罐子里拿一颗糖果。”

“圣诞节时，我会和奶奶、妈妈还有哥哥姐姐一起烤饼干。”

“大舅会邀请我们到他家过复活节。我们会在大花园里找彩蛋和糖果，舅舅再把我们找到的东西一起放在小篮子里。某年我意外发现，他藏的都是同样的一批东西，而妹妹从未发现。除此之外，舅舅家永远都有涂着奶油的新鲜面包，还有舅妈自己做的果酱。孩子们早上会和舅舅一起早起，骑着小自行车穿越田野去买面包。”

你一定还知道其他只有在爷爷奶奶家才会有的仪式，正如同你觉得这些仪式美好且特别，你的孩子一定也会有同样的感觉。

请告诉你的父母和祖父母，你以前觉得哪些仪式非常棒，例如“早上和爷爷去喂鸡”或“和奶奶一起去鸡舍拿最大的蛋来当早餐”。你一定会看到自己的父母或祖父母露出微笑，而且他们肯定也还记得这些事情呢！

也许你们可以一起为你的孩子设定一些仪式，供孩子去祖父母家游玩时使用。

当然，你也可以和父母或祖父母谈一下，哪些仪式是你不想继续传递给下一代的，这同样也很重要，也许对你来说“挑一只兔子来宰”并不是什么好的回忆。你的父母或祖父母如今一定能够理解，而且也不会再坚持继续。

假如你已经不记得祖父母都是怎么做的，也许下面几点会让你觉得很熟悉。

祖父母家的仪式范例

· 做装饰得很漂亮的一口能吃掉的吐司小点心。

· 爷爷奶奶家有孩子的存钱罐，他可以把放在存钱罐上面的硬币丢进去。

· 拿好成绩换零花钱。

· 一起看看柜子上的饼干罐里有什么，然后可以拿三块饼干。

· 和爷爷带着狗到小湖边散步喂鸭子。

· 一起去图书馆。

· 为做下午要吃的蛋糕摘些草莓。

· 特定的地点永远都会放着甜食。当孙子来玩的时候，爷爷奶奶会在走廊的小茶几上放颗奇趣蛋以及其他甜食。

· 到阁楼寻宝。

· 翻看相簿，听听某个祖先的故事。

· 从地窖拿出腌黄瓜的玻璃罐，采摘那些一直都很好吃的李子来做糖渍水果。

· 在院子里拥有自己的小花园，或者和他们一起种些植物在花盆里。

· 和爷爷一起到森林中找野生蘑菇。

· 一起去动物园。

还有吗？你有没有边看边想起了其他美好的事情呢？你可以将这些事情归类为仪式。如果你已经想起来的话，那么就来聊聊这些仪式，同时可以告诉父母，让他们将这些仪式继续传承下去。

Chapter

/

21

创造属于你们的仪式

你在这本书里看到的并非世界上所有的仪式，或许你正在为某种特定的情况寻觅一种特别的仪式。

因此，我们希望再次提醒你，只要注意以下几点，你也可以创造出专属的仪式，并且能成功执行。

创造专属仪式的注意事项

· 为新的家庭仪式取一个适合的名字，并向所有家庭成员解释，你想用这个仪式达到什么目的。例如，当晚上床边故事的时间还剩下三分钟时，你拿着手电筒躲在被子里讲故事，让孩子的夜晚有一个美好的结束仪式。你或许可以将这个仪式称为“神秘的三分钟故事时间”。

· 当然，你也可以和孩子一起创造出类似的仪式。拿上面的例子来说明，可以让孩子拿着手电筒，或者要孩子稍微放一些新鲜空气到被子里来。

· 确定要用哪些仪式物和其他条件：手电筒、书、神秘三分钟以及新鲜空气……

· 请规划出什么时间要进行这项仪式，以及让它自由发展的可能性，好让这个仪式能切实规律地实施。要求其他家人在这个仪式进行时不要打扰，同时即使换人做的时候也能切实执行。

如果你们完全专注在这个仪式上而且不会分心的话，那么你们便创造了一个很棒的新仪式，同时也是一个很重要的仪式。

如果你在创造新仪式时让孩子也一起参与，孩子一定会很高兴，因为他们常常有非常棒的点子或者改善的建议。他们越投入这个仪式，那这个仪式就会越完美地融入你们的日常家庭生活中，同时也会更有吸引力、更持久。

那么，希望你在创造新仪式时能获得许多乐趣。

后 记

嗯，我首先想到了一起“溜”。只要天气许可，波多和我很喜欢一起去溜，我溜滑板，他溜直排轮。波多最喜欢像只小鸭子那样跟在我后面，而我则是在相隔了二十五年后重新登“板”（因为我走路已经跟不上他的速度了）。如果不是他的话，我应该无法再回去溜滑板。

我们通过仪式互相学习，我从他身上所学到的，和他从我身上学到的一样多。我不希望让他觉得父母什么都知道，也不希望他像一张我们刻印出来的版画。我的父母都是老师，有的时候他们会给我这样的感觉。最后，我却总是尝试着与他们不同，但是他们无法释怀，还试着利用压力和恐惧来强迫我适应他们设定好的框架。我和波多从互动中学会尊重彼此，不过这并不表示他不会惹麻烦。他还是会犯错或让自己深陷危险之中，比如看都不看就穿越马路等。波多和我会去勘查我们周围的环境，花时间到处看看标签、挖土机、工地、大型废弃物、树干、树叶等事物。如果我们走在路上只有一个目标，那么其他东西多半都会被忽略掉。“溜”对我们来说是一项重要的仪式，在路上慢慢滑动，仔细观察地形，因为如果不注意路况的话，石块、沟槽以及不同的路面状态，都可能会让我们跌个四脚朝天。

不过，就算跌倒，再站起来后也会变得更好，更敢滑上很陡的斜坡。我们学会了评估自己的能力，不再像一开始那样，因为害怕疼痛而完全不愿尝试。户外运动让我们心情愉悦，活动了的身体也获得了成就感。我们学会从自己的运动中获取勇气，以游戏的方式“享受”我们的身体。我希望通过这种方式让他了解，除了那些充满诱惑力的、单向的、无生命的东西（如电视、电玩、计算机、手机等）之外，还有许多其他的选择。

另外一种很棒的仪式是一起在画室里作画。波多在画画时比我更接近自然，想到什么就画什么，不会去想太多。我会在隔天晚上把干了的画带回家，和波多一起拿给太太看，然后再回想一次作画的过程，我们会把最漂亮的那张画挂在波多的卧室里。

或许最像仪式（因为每天都一样）的仪式，是晚上一起做饭、用餐，然后是换尿布、刷牙、看故事书、讲故事。接着等调暗灯光后，我们会谈起今天发生的事，或是以前的事情，如度假、郊游、想法等，直到他在我怀里睡着。从幼儿园开始就有规则、时间表和各种行程，我常常觉得有些日常生活规则对孩子的幼年时光来说太过于严格了。我试着在我们这个有目标的世界里，制造出专属于他节奏的空间。

马丁·登可（艺术家，波多的爸爸）

读者的信

关于身心障碍的孩子

在撰写本书以及搜集那些美好的仪式期间，我们一开始并未想到身心障碍的孩子。因为对我们来说，这些孩子和你我并无两样，而且我们本身或多或少在自己的亲友圈内部和他们有过正面相处的经验。

然而，我们收到了一位母亲的来信。

> 我是一个有着重度身障孩子的母亲，我觉得如果在您的新书中看不到“稍微不一样的仪式”或之类的内容，那将会很可惜。
>
> 我儿子由于身体各种感官的限制而极度依赖仪式，任何日常生活或特定行为的变化，对他来说都是难以理解的。相较于正常的孩子，他会更容易因为没有这些仪式而脱离常轨。
>
> 许多我所使用的仪式都很特殊，而且自然是特别适合我儿子的，因为很多仪式对他来说并不可行，所以我们必须找到属于自己的路。
>
> 我认为要专门为身障孩子撰写仪式是很困难的，而且或许也无法满足我的需求，因此很抱歉，我无法为这本仪式之书做出特殊的贡献。
>
> 即便如此，如果您的书能扩及那些内容，因为与常人不同而需要或发展出不同仪式之人，那么我将会很高兴。“正常的生

活”并非对所有人来说都是这么简单的，或许您能在书中对此多少提到一些。

感谢您给我们机会发声。

来自明斯特的祝福

恬芭·葛罗瑟·布灵克豪斯

读了葛罗瑟·布灵克豪斯女士的来信之后，我们花了很多时间去思索、讨论每个仪式，最后我们得到的结论是，并非所有仪式都能或都应该让所有孩子与家长使用，我们相信且盼望，家长们能找到几个符合需求的仪式并且施行。

因此，老话一句，我们的仪式是提供给所有孩子与成人的建议，并期待你们能从中得到启发！